대통령 보고서

대통령 보고서

청와대 비서실의 보고서 작성법

노무현 대통령비서실 보고서 품질향상 연구팀 지음

위즈덤하우스

머리말: 보고서 작성의 두려움에서 해방되길…

대통령비서실 직원들이 보고서 작성법에 관한 책을 내는 것에 대해 의아하게 생각하는 사람들이 있을 것이다. 각종 국정 현안이 산더미같이 쌓였는데 '한가하게' 책이나 쓰고 있었느냐고 하면서 생뚱맞다고 생각할 수도 있다. 하지만 우리나라 보고서의 현 실태와 문제점을 알고 있다면 왜 이 책을 쓰게 되었는지 고개를 끄덕이며 공감을 표할 것이다.

우리가 이 작업을 시작하게 된 것은 대통령비서실 자체의 보고서에 대한 문제 인식 때문이다. 대한민국 정부가 수립된 지 환갑이 다 되어가지만 그동안 대통령에게 보고된 수많은 보고서가 대통령비서실에 거의 남아 있지 않다. 보고서만 사라진 것이 아니다. 주요 국정 현안에 대한 대통령의 정책결정을 보좌하는 노하우도 정권교체와 함께 흔적도 없이 사라지고 말았다. 또한 국가의 주요한 정책결정을 위해 대통령에게 올라가는 보고서 형식이 구성원의 숫자만큼이나 제각각인 것도 문제점으로 지적되었다. 게다가 보고서 작성과 처리 과정도 디지털시대에 맞지 않았다.

보고서에 관한 문제는 비단 대통령비서실만의 문제가 아니다. 또한 단순히 보고서 자체의 문제만도 아니다. 모든 직장인의 공통된 문제이자 디지털시대에 적응해가는 데 꼭 필요한 과정이다.

참여정부에 들어 보고서에 대한 노무현 대통령의 근본적인 문제제기가 있었다. 그래서 이 문제에 공감하는 직원들을 중심으로 '보고서 품질향상 연구팀'이라는 혁신동아리를 발족했다. 하지만 대통령의 보고서 혁신에 대한 열정과 솔선수범, 그리고 결단이 없었다면 이 문제는 미제로 남았을 것이다. 이렇게 해서 만들어진「보고서 작성 매뉴얼」은 모든 정부부처에 보급되어 사용 중이다.

대통령이 직접 개발을 주도한 대통령비서실 업무관리시스템인 'e 知園'은 2007년 모든 정부부처에 보급되고 있다. 그리고 '대통령기록물 관리에 관한 법률' 제정을 통해 모든 대통령비서실 기록물의 국가기록원 이관이 추진되고 있다. 참여정부에서 한 일이 투명하게 기록되고, 이때 작성한 문서들이 다음 정부에서도 활용될 수 있는 길이 드디어 열린 것이다.

그동안 쇄도하는「보고서 작성 매뉴얼」특강 요청을 소화하느라 애를 먹었다. 또한 e知園에 대한 공무원의 반응도 긍정적이다. 이 책은「보고서 작성 매뉴얼」을 일반인도 쉽게 활용할 수 있도록 하자는 취지에 따라 집필하였다. 기존의「보고서 작성 매뉴얼」에 풍부한 사례를 보태고 독자의 수준에 따라 입문 코스, 전문 코스로 단계를 구분하였다. 또한 일반인이 알기 힘든 대통령비서실의 일하는 모습도 담았다.

1부는 보고서 작성의 입문 코스로 현재 작성되는 보고서의 문제점을 지적하고 좋은 보고서의 요건과 표준적인 작성 절차, 그리고 일반적인 보고서 작성 방법에 관해 기술하였다. 보고서 작성 시 저지르기 쉬운 오류와 칭찬받는 보고서 작성 방법을 사례와 함께 소개했다. 보고서 작성이 아직 생소한 학생이나 일반인은 1부를 차근차근 읽어보면 많은 도움이 될 것이다.

2부에서는 보고서 유형을 정책보고서, 상황·정보보고서, 회의보고서, 행사보고서로 구분하고 유형별 작성 방법을 소개하였다. 전문적으로 보고서 작성요령을 알고 싶다거나 매뉴얼 형태로 찾아보고 싶은 독자가 쉽게 참고할 수 있도록 하였다. 또한 보고서를 작성해 본 경험이 있는 공무원이나 회사원들에게 유용한 내용을 실었다.

3부에서는 대통령비서실 '현장 탐방'을 통해 실제로 업무가 어떻게 처리되는지를 가벼운 필체로 소개하였다. 대통령비서실은 어떤 곳이며, 어떻게 보고서 혁신이 시작되었는지, e知園 시스템은 어떤 것인지, 주요 정책 현안이 어떤 절차를 거쳐 처리되는지 등을 담았다. 또한 현장에서 뛰는 3명의 행정관 사례를 통해 대통령비서실의 업무 처리를 생생하게 스케치했다.

'보고서 작성능력'은 효율적인 의사소통과 업무생산성 향상에 필수적인 요소다. 우리가 시작한 '보고서 혁신'이 이런 큰 흐름에 도화선이 되리라 믿는다. 정답이 없는 보고서 작성에 있어 우리가 최고의 지침서를 냈다고 말할 수는 없지만 정부와 공공기관, 기업들의 보고서 수준을 업그레이드하는 데 중요한 토대를 제공할 수 있을 거라고 확신한다. 아울러 이 책을 통해 직장인들이 보고서 작성에 대한 두려움에서 해방되기를 진심으로 바란다.

끝으로 초기 「보고서 작성 매뉴얼」의 기초를 닦는 데 같이했던 고기동 서기관과 안재훈 행정관, 이 책의 출판을 맡아준 위즈덤하우스, 책의 방향을 잡는 데 큰 힘이 되어준 윤미정 위원께 깊이 감사드린다.

추천사 — 집을 짓는 목수에게 배우는 것

상전벽해桑田碧海라고 할까? 『대통령 보고서』의 추천사를 부탁받은 후의 느낌이었다. 대통령비서실 직원들이 문제의식을 느끼고, 자율적으로 동아리를 만들어 해결방안을 토론하며, 이에 대한 결실을 함께 나누는 과정은 아름답기까지 하다. 불과 얼마 전까지만 해도 대통령비서실이 주던 권위주의나 위압감과는 아주 다른 모습이다. 이제 세상이 바뀐 것이다.

이러한 변화의 비밀은 혁신에 있다. 혁신은 거창하지도, 먼 데 있는 것도 아니다. 나부터, 지금부터, 여기서부터, 할 수 있는 것부터, 쉬운 것부터 하는 것이다. 이러한 작은 변화에 대한 노력이 모여 국정 운영의 틀을 바꾸고 물꼬를 트며 나아가 국가경쟁력을 높인다.

공무원이라면 현실에서 매일 쓰고 접하는 보고서지만, 효율적인 의사소통과 높은 업무생산성이 가능한 보고서를 쓰기란 쉽지 않은 일이다. 이러한 측면에서 대통령비서실의 보고서 혁신은 '일하는 사람이 현장에서 보여주는 혁신'의 훌륭한 본보기이다. 이는 혁신에 대한 대통령의 강한 열정과 의지가 비서실의 개개인에게 잘 스며들었기 때문이다.

알고 지내던 목수 한 분이 있었습니다.
언젠가 그 노인이 내게 무얼 설명하면서
땅바닥에 집을 그렸습니다.
그는 먼저 주춧돌을 그린 다음
기둥, 도리, 들보, 서까래, 지붕의 순으로 그렸습니다.
그가 집을 그리는 순서는 집을 짓는 순서였습니다.
일하는 사람의 그림이지요.
세상에 지붕부터 지을 수 있는 집은 없는 데도
늘 지붕부터 그려온 나의 무심함이 부끄러웠습니다.

- 신영복,「한 그루 나무에서 배우는 것」중에서

    각종 보고서의 문제점을 분석하고, 구체적인 작성 방법에 대해 토론하고 정리하며 우수 사례를 발굴해나가는 동안 이 책을 준비한 동아리 회원들은 아마도 목수의 심정이었을 거라고 짐작된다.
    한편 실제로 도움이 되는 혁신은 이렇듯 우리의 업무와 일상 속에서 씨를 뿌리고 가꾸어 나가야 한다.

또 하나, 비서실 보고서 혁신에서 두드러진 점은 '수요자의 눈높이에 맞춰진 혁신'이라는 것이다. 이것은 보고서 기획에서 작성까지, 보고서 유형과 관계없이 적용되는 원칙이자 이 책을 관통하는 철학이다. 책에 언급된 "보고서 수요자는 바쁘고 급한 사람들이다. 그러면서도 막중한 책임감에 신중하고 주의 깊을 수밖에 없는 사람이다"라는 말은 보고서를 준비하는 사람이라면 항상 귀담아들어야 하는 말이다.

세상에서 가장 먼 거리는 머리에서 가슴까지의 30센티미터라는 말이 있다. 인생을 다할 때까지 도달하지 못하는 경우도 있다고 한다. 실천으로 뒷받침된 혁신 성과를 볼 때마다 마음이 두근거리는 건 이러한 까닭이다. 낡은 관행과 생각을 벗어던지고 힘차게 변화하는 비서실과 '보고서 품질향상 연구팀' 회원들께 축하 메시지를 보내며, 많은 사람이 이 책을 통해 보고서 작성에 큰 도움을 받음은 물론 혁신의 참 의미를 깨닫게 되기를 희망한다.

박명재_행정자치부 장관

차례

CONTENTS

· 머리말　　　　　　　　　　　　　　　　　　　　　005
· 추천사　　　　　　　　　　　　　　　　　　　　　009

1 보고서 작성 입문 코스
우선 기본을 다진다

Chapter 1
| 보고서 작성의 현실과 실제　021

Chapter 2
| 보고서 작성의 4가지 문제점　026
　기본적인 틀이 갖춰져 있지 않다　027
　내용이 장황하고 초점이 없다　030
　읽을수록 오히려 궁금한 점이 생긴다　032
　근본적인 문제의식이 안 보인다　040

· 사례 1-1　시제의 불일치로 "기본이 안 되어 있다"는 평가를 듣게 된 경우　029
· 사례 1-2　취지, 추진계획, 주관 등이 명확하지 않다는 평가를 받은 사례　031
· 사례 1-3　추진 경과를 일정 위주로만 간략히 쓰고 만 경우　034
· 사례 1-4　정책추진 과정의 설명이 부족한 사례　038
· 사례 1-5　현황분석과 대책 제안이 미흡하게 제시된 사례　041
· 사례 1-6　자료에 대한 전략적·창조적 분석이 부족한 사례　043
· 사례 1-7　건의사항이 불명확한 사례　044

Chapter 3

| 보고서 작성·처리 표준 절차 045

보고의 목표를 정하고 보고서를 구상한다 046
자료를 수집하고 분석한다 049
보고서를 작성한다 057
보고하고 후속조치를 취한다 060

· 사례 1-8 각종 보고서 표지　　　　　　　　　　　　062

Chapter 4

| 보고서 전개 방식과 표준서식 065

제목부터 결론까지, 보고서 전개 방식 065
표준서식을 정하라 071

· 사례 1-9   개요 예시　　　　　　　　　　　　　　　068
· 사례 1-10 결론 예시　　　　　　　　　　　　　　　070
· 사례 1-11 대통령비서실의 실제 보고서 양식 사례　　074
· 사례 1-12 중간 참고내용 사례　　　　　　　　　　　076

Chapter 5

| 칭찬받는 보고서 작성법 080

보고 목적에 적합한가 081
보고내용이 정확한가 082
보고서를 간결하게 정리했는가 082
보고서를 이해하기 쉽게 썼는가 083
완결성을 갖췄는가 085
적절한 시점에 보고했는가 085

Chapter 6

| 보고서 작성을 위한 팁 087

긴 보고서는 따로 요약하라 088
본문은 짧게 하고 참고사항은 첨부로 돌려라 089
하이퍼링크를 활용하라 092
그래프, 사진, 표 등 시각자료를 적절히 활용하라 096

- 사례 1-13 요약보고서와 본 보고서의 서두   090
- 사례 1-14 하이퍼링크로 정리한 보고서   094
- 사례 1-15 보고서에 활용된 표와 그래프   097

- Tip Point 1 유용한 인터넷 사이트   052
- Tip Point 2 보고서 작성 A부터 Z까지   098

2 보고서 작성 전문 코스
목적에 맞게 골라 쓴다

Chapter 1
| 보고서의 유형 구분 103

Chapter 2
| 정책보고서 106
    정책보고서는 '의사결정을 위한 보고서' 106
    이것만은 알고 가자 114
    구체적인 작성 방법: 정책기획보고서 116
    구체적인 작성 방법: 조정과제보고서 136
    구체적인 작성 방법: 정책참고보고서 142

- 사례 2-1 새로운 정책을 기획하는 보고서   108
- 사례 2-2 이미 추진중인 정책의 상황을 점검하는 보고서   110
- 사례 2-3 정책과 관련한 사례를 참고자료로 보고한 보고서   112
- 사례 2-4 보고서 작성 경위를 잘 기술한 사례   119
- 사례 2-5 현황과 실태를 잘 분석한 사례   121
- 사례 2-6 정책집행계획을 구체적으로 작성한 사례   128
- 사례 2-7 청와대 정책정보서비스 사례   131
- 사례 2-8 정책품질관리시스템을 통해 정책을 관리하는 사례   133

- 정책기획보고서 양식과 체크리스트 ❶ 134
- 사례 2-9 관계부처 간 쟁점을 대비적으로 잘 정리한 사례 138
- 사례 2-10 쟁점의 장·단점 등을 잘 분석한 사례 139
- 사례 2-11 정책품질관리대상정책의 선정에 대한 쟁점사항 분석 예시 140
- 조정과제보고서 양식과 체크리스트 ❷ 141
- 정책참고보고서 양식과 체크리스트 ❸ 143

Chapter 3
| 상황·정보보고서 145

상황·정보보고서는 '공신력 있는 뉴스' 145
이것만은 알고 가자 148
구체적인 작성 방법: 상황·정보보고서 151

- 상황·정보보고서 양식과 체크리스트 ❹ 156

Chapter 4
| 회의보고서 157

회의보고서는 '목적에 맞게 쓰면 효과 극대화' 158
이것만은 알고 가자 159
구체적인 작성 방법: 회의자료보고서 161
구체적인 작성 방법: 회의결과보고서 164

- 회의자료보고서 양식과 체크리스트 ❺ 163
- 회의결과보고서 양식과 체크리스트 ❻ 165

Chapter 5

| 행사보고서 168

    행사의 '기획부터 진행까지' 함께한다 169
    이것만은 알고 가자 169
    구체적인 작성 방법: 행사기획보고서 172
    구체적인 작성 방법: 행사진행보고서 173

- 행사기획보고서 양식과 체크리스트 ❼   174
- 사례 2-12   회의용 행사진행보고서 보고 방법   176
- 사례 2-13   행사 개요   178
- 사례 2-14   행사 말씀자료   182
- 사례 2-15   행사 참고자료   184
- 사례 2-16   행사 참고자료(인적사항과 개인이력카드 첨부 사례)   191
- 사례 2-17   연설행사 시 '행사 개요'   193
- 사례 2-18   연설행사 '말씀자료(연설문)'   196
- 사례 2-19   접견행사 시 '행사 개요'   199
- 사례 2-20   접견행사 시 '말씀자료'   202
- 사례 2-21   말씀카드   205
- 행사진행보고서 양식과 체크리스트 ❽   206

- Tip Point 3   기타 보고서 작성요령   209

3 현장 탐방
대통령비서실의 일하는 법

Chapter 1

| 대통령비서실 업무체계
　― 국정운영시스템이 정착되기까지　215

대통령비서실의 이모저모　216
청와대가 앞장선 '보고서 혁신'　220
모든 업무의 중심, e知園시스템　232
어떻게 보고서 업무가 처리되는가　239

・사례 3-1　문서관리카드 작성의 예　　　　　　　　　　　　245

Chapter 2

| 보고서 현장 스케치
　― 현장을 뛰는 행정관들의 이야기　247

e知園을 이용한 보고: 업무혁신비서관실 행정관의 사례　248
정책보고하는 방법: 사회정책수석실 행정관의 사례　260
회의와 행사가 많은 청와대: 안보정책수석실 행정관의 사례　273

・사례 3-2　보고서 보완 사례　　　　　　　　　　　　　　　252
・사례 3-3　보고처리 유형의 구분 사례　　　　　　　　　　　255
・사례 3-4　문서관리시스템에서 문서 처리 유형의 구분 사례　255
・사례 3-5　보고서 내에서 중간검토자들 간의 토론이 이루어진 사례　256
・사례 3-6　대통령 결재처리 시각을 보여주는 사례　　　　　258
・사례 3-7　대통령 처리의견 사례　　　　　　　　　　　　　260
・사례 3-8　기획조정실무회의에 제출한 자료　　　　　　　　264
・사례 3-9　기획조정회의에 보고된 자료　　　　　　　　　　266
・사례 3-10 대통령 주재 수석・보좌관회의 보고자료　　　　　270

・맺음말　　　　　　　　　　　　　　　　　　　　　　　　282
・책임집필자 약력　　　　　　　　　　　　　　　　　　　　286

PART 1 | 보고서 작성 입문 코스

본격적인 '대통령 보고서' 작성에 앞서 1부에서는

일반적인 보고서 작성법을 먼저 소개한다.

1장에서는 일반적인 우리나라 보고서 작성 현실과

직장인들의 애로사항을 짚어본다.

2장에서는 흔히 잘못 작성하기 쉬운 보고서 사례를

4가지로 정리하여 소개한다.

3장에서는 보고서를 체계적으로 작성하고 처리하는 절차를

4단계로 나누어 설명한다.

4장에서는 보고서를 작성하는 구체적인 방법으로

보고서 전개 방식과 서식에 관해 설명한다.

5장에서는 칭찬받는 보고서를 만들 수 있는 6가지 원칙을 설명한다.

마지막으로 6장에서는 보고서 작성 시 유용한 팁을 소개한다.

1부의 내용만 잘 소화해도 보고서를 작성하는 데 따르는

두려움을 떨쳐버릴 수 있다.

또한 직장생활에 필요한

일반적인 수준의 보고서 작성이 가능해질 것이다.

우선 기본을 다진다

Chapter 1
보고서 작성의
현실과 실제

대부분의 직장인들은 보고서를 비롯한 각종 문서작성에 많은 시간을 보낸다. 그만큼 직장생활에서 보고서 작성은 중요한 업무다. 직장생활에서 보고서가 중요한 이유는 공식적인 의사소통을 할 때 가장 중요한 수단이기 때문이다. 우리가 일상생활에서 사용하는 말과 행동은 보고서 형태로 정형화되었을 때 비로소 책임 있는 의사결정이 가능하다. 간단한 의사결정은 보고서 없이 몇 마디 말로도 할 수 있다. 하지만 복잡한 문제해결이나 책임이 따르는 결정을 문서화하지 않고 말로 끝낼 수는 없다. 문제가 복잡하고 책임이 무거울수록 '무거운' 보고서가 필요하다.

현대사회에서 많은 사람과 정보의 홍수 속에서 문제해결에 꼭 필요한 정보를 찾아내는 것은 모래 속에서 진주를 찾아내는 것과 같다. 그리고 이를 잘 엮어 보고하는 것은 "구슬이 서 말이라도 꿰어야 보배다"라는 속담처럼 문제해결을 위해 중요한 과정이다.

보고서를 작성하는 것은 단순히 문장을 잘 쓰는 것을 의미하지 않는다. 보고서는 문제해결 과정을 담고 있으며 문제를 해결하는 수단이기도 하다. 직장에서 '일을 한다'는 것은 어떤 문제를 해결한다는 뜻이다. 따라서 보고서 작성능력은 곧 직장에서의 업무능력과 직결된다고 할 수 있다. 즉 한 사람이 갖고 있는 업무지식과 동원 가능한 정보, 통찰력 있는 분석, 상하동료 간 의사소통, 추진력 등의 결정체가 바로 '보고서'다.

그러나 보고서를 쓰는 일은 늘 어렵다. 딱히 보고서 쓰는 법을 알려주는 곳도 없고, 제대로 된 가이드북도 찾아보기 힘들다. 그렇다 보니 상사에게 혼이 나면서 배우거나 주위 동료들로부터 알음알음으로 배우게 된다. 지식포털 비즈몬이 조사한 바에 따르면, 대부분의 직장인들은 보고서나 제안서 등 문서작성에 큰 어려움을 느끼고 있는 것으로 나타났다. 그 주요 내용을 살펴보면 문서작성 시 가장 어려움을 느끼는 부분은 적절하게 참고할 수 있는 예문의 부재에 따른 어려움(23.5%)이고, 다음으로는 설득력 있는 문장 작성에 대한 어려움(20.3%), 도표·디자인 등 문서의 시각적 표현에 대한 어려움(16.1%), 타당성 있는 논리 전개에 대한 어려움(14.6%) 등의 순으로 나타났다.

직장인 72% "문서작성 어려워요"

직장인 10명 중 7명은 보고서나 제안서 같은 문서를 작성하는 데 어려움을 느끼고 있는 것으로 조사됐다.

21일 비즈니스 지식포털 비즈몬www.bizmon.com이 직장인 872명을 대상으로 설문조사를 실시한 결과, 전체 응답자의 72.1%가 "업무상 문서작성에 어려움을 느끼고 있다"고 답했다.

또 59.2%는 자신이 상급자나 외부업체에 제출한 문서가 재작성 요청을 받고 되돌아온 경험이 있다고 밝혔다.

직급별로는 회사에서 실무를 맡는 대리급(77.0%)이 문서작성에 가장 어려움을 느끼는 것으로 조사됐고, 직종별로는 기획·홍보직(78.4%)과 생산·기술직(78.3%) 가운데 문서작성을 어려워하는 이들이 많은 것으로 나타났다.

문서작성 시 어려움을 느낀 부문으로는 23.5%가 적절하게 참고할 수 있는 문서 예문의 부재를 꼽았고, 설득력 있는 문장의 작성(20.3%), 도표·디자인 등 문서의 시각적 표현(16.1%), 타당성 있는 논리 전개(14.6%) 등의 응답이 뒤를 이었다.

이처럼 대다수 직장인들이 문서작성에 어려움을 느끼고 있지만 입사 후 문서작성 능력 배양을 위한 교육을 받은 이들은 전체의 20.2%에 불과했다.

잡코리아 정유민 상무는 "지난해 기업을 대상으로 실시한 조사에서 비즈니스맨에게 가장 필요한 능력으로 '기획문서작성'이 꼽혔지만 정작 직장인들은 글쓰기에 두려움을 느끼고 있는 것으로 나타났다"고 말했다.

출처: 『연합뉴스』(2005. 9. 21), 김희선 기자

직업 특성상 보고서를 자주 써야 하는 공무원도 이런 어려움을 겪고 있다. 처음 공무원이 되면 중앙공무원교육원www.coti.go.kr에서 일정 기간 교육을 받지만, 보고서 작성 등 문서작성 실무에 관한 구체적인 교육은 거의 이루어지지 않고 있다(본 책자의 기초가 된 「보고서 작성 매뉴얼」이 나온 이후로 2007년 2월부터 중앙공무원교육원에 '보고서 잘 쓰기'라는 과정이 생겼다). 교육 시 문서작성법에 대한 기초교육이 있기는 하지만 「사무관리규정」에 언급된 문서서식이나 기안문 작성법을 알려주는 정도다. 구체적으로 어떤 내용을 어떤 방식으로 써야 하는지에 대해서는 가르쳐주지 않는다.

시중에 나온 보고서 작성에 관한 책자를 찾아보아도 대부분 기획서 작성, 사업계획서 작성, 논문 작성 등 특정 분야에 한정되어 있다. 일반적인 보고서 작성법, 특히 공무원들이 참고할 만한 보고서 작성 가이드북은 찾아보기 어렵다.

직장인이라면 대개 직장생활 1년차에 겪은 첫 보고서에 대한 쓰라린 추억이 있을 것이다. 며칠을 끙끙대며 작성한 보고서가 붉은색 펜, 파란색 펜으로 수많은 지적을 당해 되돌아온 경험! 보고서를 잘 쓰는 법을 가르치는 학원이 있다면 시간을 투자해서라도 배우겠는데 이도 마땅치 않다. 어쩔 수 없이 상사나 선배로부터 도제식으로 하나하나 배우는 수밖에 없다. 선배들은 "원래 혼나면서 배우는 것이다"라고 말하지만 왜 후배들은 '혼나면서 배우는 것'을 반복해야 하는 걸까?

도제식으로 배우는 데는 또 다른 문제점이 있다. 전래의 고려청자 제조 비법이 한때 명맥이 끊어진 것처럼 사람의 머리에서 머리로 이어지는 지식전수 방식은 너무 불안정하다. 문자가 발달하지 않고 기록문화가 없었던 앙코르와트 사원의 건축 비밀은 아직까지 풀 수 없는 수수께끼로 남아 있다. 반면에 기록의 신神을 별도로 숭배할 정도로 문자로 남기는 것을 즐겨했던 이집트 문명은 그들이 어떻게 살았고 어떤 음식을 먹었으며 무슨 생각을 했는지 후대까지 전해지고 있다.

운이 좋아 보고서를 잘 쓰는 상사나 선배를 만나면 보고서 작성 실력도 하루가 다르게 늘 것이다. 그러나 그렇지 못할 경우에는 직장생활 10년을 해도 여전히 보고서 작성으로 인한 스트레스를 받아야 하는 것이 현실이다.

선배와 후배, 상사와 부하직원의 도제적 관계에 의존하지 않는 체계적인 보고서 작성 교육이 이루어진다면 얼마나 좋을까? "보고서는 효율적으로 써야 한다"는 뜬구름 잡기식 교육이 아니라 상황에 따라 보고서 유형을 구분하고, 유형별로 구체적인 작성법이 있다면 얼마나 좋을까? 그렇다면 우리가 보고서를 잘 쓰는 방법에 대한 매뉴얼을 만들어보는 게 어떨까? 이 책은 이러한 문제인식과 고민에서부터 출발했다.

보고서 작성의
4가지 문제점

좋은 보고서를 작성하는 법을 알려면 먼저 기존 보고서들이 어떤 문제점을 가지고 있는지 분석할 필요가 있다. 어떤 보고서가 문제 있는 보고서인지 실제 사례를 통해 4가지로 간추려 보았다.

하나, 기본적인 틀이 갖춰져 있지 않다.
둘, 내용이 장황하고 초점이 없다.
셋, 읽을수록 오히려 궁금한 점이 생긴다.
넷, 근본적인 문제의식이 안 보인다.

기본적인 틀이 갖춰져 있지 않다

- 보고서 양식조차 제대로 갖추지 않은 것
- 제목이나 목차에 보고서 내용이 제대로 드러나지 않는 것
- 누가, 언제, 어떤 목적으로 썼는지가 없는 것
- 오탈자나 맞춤법, 시제 등이 틀린 것
- 기승전결의 논리체계를 갖추지 않았거나 논리전개가 뒤바뀐 것

직장생활 초년생들이 보고서와 관련하여 가장 많이 지적받는 말은 "기본도 안 되어 있다"일 것이다. 이 말은 "보고서가 갖춰야 할 최소한의 형식도 갖추지 않았다" "내용이 보고 목적에 맞게 작성되지 않았다" "기본적인 논리구조나 문법이 맞지 않다" 등 여러 의미를 내포하고 있다.

믿기 어려운 사실이지만, 국가 최고의사결정권자인 대통령에게 올라오는 보고서조차 간혹 기본이 안 되어 있다는 평가를 받기도 한다. 보고서의 기본을 갖추어야 한다는 과제는 직장생활 초년생들만의 당면 문제가 아닌 것 같다.

보고서는 목적에 맞게 저마다 요구되는 기본적인 사항들이 있다. 정해진 형식이 있는 경우에는 이를 따르는 것이 기본이다.

'기본이 안 된 보고서'라는 불명예를 안게 되는 첫 번째 이유는 정해진 양식을 무시하고 쓰는 경우다. '표준서식'을 무시한 보고서는 '표준'에 익숙해 있는 보고서 수요자에게 불편함을 안겨준다. '표준서식'이란 가장 이상적인 보고서의 형식과 규칙을 정해 지키

라고 만들어놓은 것이다. 글자체, 글자 크기, 줄 간격, 제목 쓰는 법 등이 안 맞는 보고서는 읽기조차 싫다는 것이 보고서를 많이 읽어야 하는 수요자들의 공통된 의견이다.

다음은 보고서 제목과 목차가 부실한 경우다. 읽어야 할 보고서는 많고 시간은 부족한 수요자는 보고서가 수십 건씩 밀리면 부득이하게 우선순위를 매길 수밖에 없다. 어떤 보고서부터 읽어야 하는가, 가장 중요한 보고서는 무엇인가 등을 결정해야 하는데, 이때 제목이나 목차 등을 보고 긴급성과 중요성을 판단할 수밖에 없다. 그런데 제목이 너무 포괄적이거나 목차가 보고서의 내용을 제대로 담아내지 못하면 수요자가 오판을 할 수밖에 없다.

또한 보고자나 보고 일자, 보고 목적 등을 누락하는 경우가 종종 있다. 흔히 보고서를 다 쓰고 제일 마지막에 보고서 표지를 붙이거나 머리말·꼬리말을 적는다. 그런데 시간에 쫓기다 보면 이 같은 기본사항을 기재하는 것을 깜박 잊어버리거나 형식적으로 작성하기가 쉽다. 누가, 언제, 왜 썼는지 알 수 없는 '괴문서'를 작성하지 않으려면 이런 기본사항이 미리 기재된 '표준서식'에 따라 보고서를 작성해야 한다는 사실을 명심하라.

사소한 오탈자나 맞춤법 실수, 부주의한 시제 사용이 자칫하면 그 보고서 전체의 신뢰성을 떨어뜨릴 수 있다. 예컨대 〈사례 1-1〉은 과거형과 미래형을 구분하지 않은 경우다. '제3차 부동산정책회의 보고'라는 문서 제목만 보고는 지나간 회의에 대한 결과보고서인지 앞으로 열릴 회의계획인지 알 수가 없다. '문서 취지'를 읽어봐도 금방 알 수가 없다.

출처: 대통령비서실(「제3차 부동산정책회의 보고」 보고서의 문서관리카드 내용)

　한편 보고서 내용 구성이 논리적이고 체계적이지 못하면 "기본이 안 되어 있다"는 얘기를 듣게 된다. 보고서는 문제 인식부터 해결과정, 결론에 이르기까지 기승전결起承轉結의 논리체계를 갖추어야 한다. 논리비약이 있거나 논리전개가 뒤바뀌게 되면 설득력이 떨어지는 정도를 넘어 "기본이 안 되어 있다"는 평가를 받게 된다.

내용이 장황하고 초점이 없다

- 표현이 모호하여 명확한 내용을 알 수 없는 것
- 자기 주장 없이 다양한 견해 소개에 그치는 것
- 연구논문처럼 너무 깊이 다루다 보니 불필요하게 내용이 길어진 것
- 논점과 무관한 것을 상세히 설명하거나, 유사한 내용을 말을 바꿔가며 다시 설명하는 것

보고서를 읽고 이해하는 데 시간이 많이 걸린다면 좋은 보고서라고 말할 수 없다. 이런 보고서를 보면 불필요한 내용이 많고 무엇을 주장하는지 명확하지 않은 경우가 대부분이다.

보고를 받는 대부분의 의사결정자는 시간을 몇 분 단위로 쪼개서 사용하는 바쁜 사람들이다. 수많은 기관장이나 회사의 최고의사결정자인 CEO는 매일 회의, 현장 감독, 외부인사 접견 등 빡빡한 일정이 잡혀 있다. 이러한 바쁜 일정 가운데 매일 수십 건씩 올라오는 보고서를 읽어보아야 하는 것이다. 의사결정자의 결재나 지시가 없으면 더 이상 진행할 수 없는 과제, 의사결정자가 꼭 알고 있어야 하는 사항 등이 매일 보고된다. 어느 것 하나 주의깊게 읽어보지 않으면 안 되는 것들이다. 이때 수십 페이지에 달하는 쓸데없이 긴 보고서나 내용이 장황하고 초점이 명확하지 않은 보고서는 읽기에 여간 고역이 아니다. 국정의 최고책임자인 대통령의 경우에는 더 말할 나위가 없다. 매일 각종 회의와 행사, 지방 시찰, 주요 인사 접견 등의 바쁜 일정을 소화해야 하는 사람이 대통령이다. 이러한 상황을 충분히 이

> **사례 1-2** 취지, 추진계획, 주관 등이 명확하지 않다는 평가를 받은 사례
>
> (전략)
>
> ☐ **검토 필요사항**
>
> o 채무자 인적사항·소재 파악, 송달제도·재산조회·경매·부동산 명도 집행 절차 개선, 신용정보업체 업무 확대, 집행청 설치 등은 프라이버시 침해 문제, 법원 업무부담 가중, 인력·예산 수반 등 관련기관 간 협의 및 신중한 검토가 필요
>
> o 따라서 법무부, 법원행정처, 재경부, 정통부 등 관련 기관 및 전문가들이 참여하는 TF를 구성, 각 사항별로 충분한 검토를 거쳐 추진 여부를 결정하는 것이 타당
>
> 출처 : 대통령비서실(「채권집행 실효성 확보를 통한 신용제도 확립방안」 보고서)

해하고 있다면 장황하거나 초점 없는 보고서를 써서는 안 된다.

어떤 경우에는 보고서 초안을 그대로 제출한 것이 아닌가 싶을 때가 있다. 이런 보고서는 논리적으로 말이 안 되는 곳이 많다. 검토 과정을 통해 내용을 정리하지 못했기 때문이다. 개념이나 내용이 정리되지 않은 보고서는 수없이 가다듬은 보고서와 차이가 날 수밖에 없다. 이렇게 투자된 시간과 노력의 결과는 보고서를 읽는 사람에게 좋은 보고서로 전달되며, 수요자의 시간과 노력을 절약해준다.

보고서에는 자신의 주장이 분명히 담겨져 있어야 한다. 다양한 사례나 의견만 소개하고 보고자의 생각이 빠져 있다면 '살아 있는' 보고서라고 말할 수 없다.

〈사례 1-2〉는 채권집행의 실효성 확보방안을 보고한 보고서다. 채권집행 관련 현행 제도를 검토하고 향후 개선방안을 도출하는 것이 목적이다. 그런데 여러 가지 문제점과 검토해야 할 사항을 늘어놓기만 했지 누가 무엇을 어떻게 해야 할 것인지를 구체적으로 제시하지 않았다.

보고서는 연구논문이 아니다. 길수록 좋은 것이 아니며, 필요한 만큼만 써야 한다. 문제의 한 측면만을 집중적으로 부각하여 장황하게 쓰는 것은 부적절하다.

논점과 직접 관련이 없는 것을 상세히 설명해놓은 보고서도 있다. 이런 보고서는 불필요한 주변 설명에 갇혀서 정작 중요한 핵심 내용을 놓치게 만든다. 참고사항은 간단히 서술해주거나 별도로 첨부하는 것이 좋다. 유사한 내용을 말만 바꿔 다시 설명하는 것도 피해야 한다. 보고서의 각 문장마다 새로운 시각과 정보가 들어 있어야지 중언부언重言復言하는 것은 금물이다.

읽을수록 오히려 궁금한 점이 생긴다

- 지나치게 압축적으로 설명한 것
- 보고 취지나 보고 배경, 추진 경위나 정책 이력을 제대로 안 쓴 것
- 출처가 불분명한 자료를 인용하거나 주장을 뒷받침할 근거가 부족한 것
- 종합적이고 균형되게 썼는지 의문이 드는 것
- 전문용어, 약어 등을 설명 없이 쓰는 것

보고서를 읽을수록 명쾌하게 이해되기는커녕 의문점이 증폭되는 경우가 종종 있다. 보고서는 어떤 정책이나 상황에 대해 설명해서 보고서 수요자가 의사결정을 하는 데 도움을 주기 위한 것이다. 그런데 해당 사안에 대해 충분히 설명하지도 못하고 필요한 의견도 제시하지 못한다면 수요자가 적절한 판단이나 조치를 내릴 수가 없다.

일반 직장인과 달리 공무원들은 보고서를 길게 쓰면 안 된다는 강박관념을 갖고 있다. 주로 개조식으로 작성하다 보니 간략하게 정제된 언어로 압축해서 쓴다. 중간보고가 있었다거나 구두로 이미 설명하고 보고서를 올리는 경우 특별히 결과 위주로 간략하게 쓴다. 논의 과정이나 추진 과정을 쓸 때 일정 위주로 간략하게 언급하기도 한다. 하지만 이렇게 작성하면 읽을수록 궁금한 점이 생기기도 한다.

다음에 나오는 사례를 살펴보도록 하자.

〈사례 1-3〉의 '추진 경과'를 보면 '인사개혁 로드맵 과제'로 선정되고 난 후 TF(태스크 포스, 임시 업무조직)를 구성해 위원회에서 3회에 걸쳐 논의되고, 총리·대통령 보고까지 거치며 정책실장이 보완을 요청해서 부처의 의견을 수렴한 것으로 나온다. 그런데 이 사안에 대해 자세히 알고 있지 않으면 위원회에서 3회에 걸쳐 무엇을 논의했는지 알 수가 없다. 총리나 대통령에게 보고했을 때 어떤 반응을 보였는지, 정책실장은 무슨 보완을 요청했는지 궁금증을 자아낸다. 관계부처 의견수렴 결과는 어떠했는지도 이 보고서만 읽어봐서는 알 수가 없다. 이런 정보들이 없는 상태에서 의사결정을 해야 하는 대통령의 입장은 여간 난감한 것이 아니다. 만약 어떤 지시를 내

사례 1-3 추진 경과를 일정 위주로만 간략히 쓰고 만 경우

(전략)

Ⅰ. 추진 배경 및 추진 경과

☐ 추진 배경

o **행정환경의 국제화 · 개방화 · 정보화 및 무한경쟁시대**의 도래
 - **전문적 지식 · 기술을 요하는 대내외 업무의 급증**
 - 국민참여 확대 및 **고품질 행정서비스에 대한 요구의 증대**

o 그러나 우리의 국가경쟁력, 특히 **정부효율성**은 향상되고 있으나, 아직 경쟁상대국에 비해 낮은 것으로 평가

 ※ 스위스 국제경영개발원(IMD)의 '세계경쟁력 보고서(2004년)'
 · 국가경쟁력 : 35위/60개국, 정부효율성 : 36위/60개국 ('03년 37위)

o 분야별 전문인력 양성 · 확보로 행정의 전문성 제고를 위해
 - 전문가 선호풍토 조성 및 잦은 보직변경으로 인한 공무원의 전문성 부족과 행정서비스 질 저하 방지를 위한 대책 필요

☐ 추진 경과

o 인사개혁 로드맵 과제로 선정('03. 4. 9)

o TF 구성 · 운영(5회, '04. 2~5월)

 - 혁신위위원, 관계부처, 행정연구원 등

o 인사개혁전문위, 정부혁신위원회 논의(3회, '04. 2~'04. 6월)

o 총리보고('04. 11. 25)

o 대통령 서면보고 상신('04. 12. 3)

o 정책실장 보완 요청('05. 1. 4) - 관계부처 의견수렴 등

o 부처 의견수렴('05. 1. 11) - 문화관광부 · 국세청 등 5개 부처

Ⅱ. 보직관리 현황

☐ **제도 현황**

〈 국가공무원법 〉

o **보직관리의 원칙**(제32조의5)
 - 공무원의 전공 분야, 훈련, 근무경력, 전문성 및 적성 등을 고려하여 적격한 직위에 임용

〈 공무원임용령 〉

o **보직관리의 기준**(제43조)
 - 직위의 직무요건과 공무원의 인적요건을 고려하여 적재적소에 임용

인적요건	직무요건
· 학력, 경력, 전공, 훈련실적	· 직무의 종류 및 전문성
· 정책판단, 업무추진력	· 직무에 필요한 능력수준
· 통솔능력	· 직무에 필요한 인격특성
· 성품, 신망도, 청렴도, 건강 등	· 직무의 조직상 비중

 - 직무의 곤란성과 책임도에 따라 직위를 등급화하고, 소속 공무원의 경력과 실적 등을 고려하여 보직
 - 부처별 소속 공무원에 대한 자체 보직관리 기준을 설정·운영

o **정기적 순환보직 원칙**(제44조제1항)
 - 동일 직위 **장기근무로 인한 침체방지 및 빈번한 전보로 인한 능률저하를 방지하기 위하여 정기적 전보 실시**

(후략)

출처: 대통령비서실(「보직 및 경력관리 개선방안」 보고서)

렸을 때 이전에 총리나 정책실장이 지적한 것과 겹치지 않을지, 관계부처에서 의견수렴한 결과와 정면으로 배치되는 것은 아닌지 등을 알 수 없기 때문이다.

보고서에는 사전에 어떤 논의 과정을 거쳐 수요자에게까지 보고하게 되었는지가 소상히 나타나야 한다. 어떤 계기로 보고서를 쓰게 되었는지, 회의체나 논의구조에서 토론과 검증절차가 원만하게 진행된 것인지, 토론 과정에서 쟁점은 무엇이고 어떻게 정리되었는지 등이 분명해야 한다. 그렇지 않으면 판단의 기초자료로서 그 보고서를 완벽하게 신뢰할 수 없다. 사전에 적절한 과정을 거쳐 충분히 검토된 결과라는 확증도 없이 의사결정을 내릴 수 없기 때문이다. 그러면 다음 사례를 살펴보도록 하자.

〈사례 1-4〉를 보면 '검토 배경'에 정책실 차원에서 점검하도록 한 대통령 지시가 있다. 그런데 바로 두 차례에 걸친 점검회의를 통해 유형과 사례를 분석했다고 적고 있다. 이것만 보면 대통령의 지시에 따라 분석한 것인지, 아니면 지시하기 전에 이미 분석작업을 한 것인지 구분이 안 된다. 만약 미리 분석작업을 한 것이라면 그 이유가 무엇인지, 혹시 어떤 문제가 있어서 그런 분석이 필요했던 것은 아닌지 등이 궁금해진다.

모든 정책은 나름대로의 이력을 갖고 있다. 시대가 변하고 환경이 변했기 때문에 새로운 적용방안을 찾는 것일 뿐 정책 자체가 완전히 새로운 경우는 드물다고 하겠다. 따라서 어떤 정책에 대한 보고서를 보면 예전에는 해당 정책을 어떻게 적용했는지 궁금할 수밖에 없다.

과거에 적용했던 정책은 성공했는지 실패했는지, 실패했다면 그 원인은 무엇이었는지에 관한 내용이 있어야 한다. 그래야만 지금 채택하려는 정책이 적절한 결정인지를 판단할 수 있다. 지금까지 대부분의 보고서들은 이런 부분이 간과되거나 소홀히 다뤄져왔던 것이 사실이다.

출처가 불분명한 자료를 인용하는 것도 보고서의 신뢰성을 떨어뜨린다. 자신의 주장을 뒷받침할 근거가 부족한 경우도 마찬가지다. 확신할 수 없는 자료지만 부득이하게 사용해야 한다면 해당 전문가의 자문 등을 거쳐 확실하게 검증해야 한다. 특히 국가기관이나 공공기관에서 작성하는 보고서의 경우에는 공신력과 책임이 뒤따르기 때문에 이 절차는 필수적이다.

보고서를 읽다 보면 과연 종합적으로 작성된 것인지, 균형된 시각에서 작성된 것인지 의문이 드는 경우가 종종 있다. 통상 보고서의 수요자는 경험이 풍부하고 해당 분야에 대한 전문지식이 많다. 그러므로 일부 분야나 특정 이슈를 지나치게 강조하거나 다양한 의견이나 관점을 균형 있게 다루지 않은 보고서는 쉽게 그 한계를 드러낼 수밖에 없다.

마지막으로 고도의 전문용어나 'HSDPA' 'PFI' '부방위'와 같은 약어를 아무 설명 없이 그대로 사용해선 안 된다. 보고서를 읽는 사람은 'HSDPA(초고속하향패킷접속)'이 무슨 기술인지 모를 수 있다. 'PFI'가 독일의 사회협약기구인 '혁신을 위한 파트너Partner for Innovation'의 약자라는 것, '부방위'는 '부패방지위원회'를 줄여 부르는 말이라는 것을 모를 수도 있다. 약어를 사용하려면 약어가 처

사례 1-4 정책추진 과정의 설명이 부족한 사례

복지 관련 예산의 효율적인 편성 및 집행방안

□ 검토 배경

o 복지 관련 예산의 규모가 확대되면서 일부 예산사업의 정책목표와 그 효과에 대한 재검토 필요성 대두
 - 복지예산의 편성 및 집행의 적정성에 대한 시민단체와 언론의 관심 증대
  ※ 최근 언론은 "복지예산 엉뚱한 곳으로 샌다"('05. 6. 7. 동아 1면) 등 기획보도
o 언론보도 등과 관련, **정책실 차원에서 점검하도록 대통령님 지시(6. 7)**

□ 사례와 유형분석

o 그간 2차례 관계부처 및 내부 점검회의를 통해 유형과 사례를 분석하고 문제점 및 개선방안 도출
o 사례별 유형분석 결과 1) 당초 정책방향과 목표의 설정이 현시점에서 합리적이지 못한 사례와 2) 집행 과정에서 사후 모니터링 시스템이 취약하여 예산이 정책목표대로 시행되지 않는 사례로 유형화 가능(유형분석)

1) 당초 정책의 방향과 목표설정이 합리적이지 못한 사례
o **노인교통수당**:
 - 경로우대제도의 일환으로 65세 이상 모든 노인에게 지급(지자체 고유 사업)
 - 노인인구의 급증으로 소요예산은 지속적으로 증가하는 한편, 대중교통요금 인상 등으로 현실적인 교통수당으로 미흡
  ※ 예산규모 : '93년 623억 원 → '04년 5,201억 원(8배 이상 증가)
 - 고소득층 노인에게도 지급하여 노인복지 재원 잠식 및 정책효과 감소
 ⇒ 저소득층 노인 중심으로 선별적인 지급 및 지급수준 제고 필요

o **장애인 및 국가유공자 LPG 차량에 대한 세금인상분 지원**:
 - LPG 차량 연료에 대해 복지카드를 통해 리터당 280원 지원
  ※ 장애인은 월 250 l 이내, 국가유공자는 1일 2회, 1회당 4만 원 이내
 - 차량 미소유자 또는 경유·휘발유 차량 소유자와의 형평성 문제가 있고, 복지카드 불법 대여 등 부정사용 문제 발생
 ⇒ ① 부정사용 방지 방안 강구 및 월간 사용량의 엄격한 제한
    ② 소득수준 및 장애 정도 등에 따른 교통비 차등 지급제 검토

2) 예산집행의 사후관리시스템이 취약하여 예산이 정책 목적 외로 집행되는 사례
- **건강보험 급여**: 의료기관의 보험급여 부당 허위 청구 사례 지속 발생
  ⇒ 보험적용 의료기관 지정 취소 등 벌칙 강화 또는 부당청구 신고포상금제 활성화
- **기초생활보장제도**: 대상자에 대한 자산조사 등의 어려움으로 부정 수급자가 지속적으로 발생
  ⇒ 현장 방문을 통한 자산조사 실시 및 선정기준의 합리화
- **서민계층 연탄보조금 지원**:
  - 연탄을 사용하는 서민계층을 위해 연탄보조금(생산원가와 판매가격의 차액 보전)을 생산자에게 직접 보조
  - 일부 기업형 대규모 화훼농가 등에도 지원되는 경우 발생
  ⇒ 정책 목적에 맞도록 서민에게 직접 지원하는 방식으로 개선 필요
- **임대아파트 관리**:
  - 임차권을 불법으로 양도 또는 전매하여 주택기금의 낭비요인 발생
  ⇒ 임대증빙서류 심사요건 강화 및 임대인관리시스템의 합리적 개선

☐ 정책적 시사점 및 향후 조치계획

〈시사점〉
- 복지제도는 일단 제도시행 후에는 수급요건 등을 강화하거나 대상을 줄이는 것은 매우 어려움
  - 제도 도입 시 충분한 정책형성 과정을 통해 정교한 설계 필요
- 저소득계층 중심의 복지예산의 실효성을 확보하기 위해서는 예산집행의 사후관리 중요

〈 향후 조치계획〉
- **해당 부처**: 해당 사례에 대한 구체적인 제도개선 및 관리 강화방안 마련
- **기획예산처**: 향후 해당 사례에 대한 예산 편성 및 집행에 반영
- **총리실**: 각 부처 및 기획예산처의 개선 상황을 점검
  - 현재 실시중인 정책품질관리제도와 연계, 향후 유사한 사례가 발생하지 않도록 사전관리 강화

출처: 대통령비서실「복지 관련 예산의 효율적인 편성 및 집행방안」보고서

음 나올 때 "독일의 사회협약기구인 '혁신을 위한 파트너(Partner for Innovation, 이하 PFI라고 함)'" 또는 "PFI Partner for Innovation"와 같이 처음 보는 사람도 이해할 수 있도록 설명해주어야 한다.

근본적인 문제의식이 안 보인다

- 기존 관행을 답습하여 구태의연한 방식으로 문제에 접근하는 것
- 현황과 문제점, 원인 등 보고 이슈에 대한 분석이 부족한 것
- 대안의 나열에 그쳐 실천 가능성이 없고 향후 계획이 불확실한 것
- 보고서 수요자가 읽고 무엇을 해야 할지 명확하지 않은 것

깊이 고민하지 않고 단편적으로 쓴 보고서들이 있다. 특히 정부의 정책보고서나 기업의 경영전략보고서가 이렇다면 문제는 실로 심각해진다. 정책이나 전략을 기획하고 추진 상황을 점검한 결과는 수요자(최고결정권자)에게 보고되어 중요한 의사결정의 토대가 된다. 모든 보고서는 고민한 만큼 '깊이'가 있다. 얼마만큼 고민했는지, 어떤 상황까지 고려했는지, 문제에 얼마나 근본적으로 접근했는지 등은 보고서를 읽어보면 금방 알 수 있다.

〈사례 1-5〉는 에이즈 양성 보균자 관리가 제대로 안 된 것이 사회적 이슈가 되었던 시점에서 회의 안건으로 올라온 것이다. 물론 회의자료이기 때문에 분량의 한계가 있을 수도 있다. 그러나 사회적 관심사였다는 점을 감안하면 현황에 대한 내용과 대책이 너무 일반

사례 1-5 현황분석과 대책 제안이 미흡하게 제시된 사례

4. 에이즈 관리대책 (7.12 대통령님 지시)

☐ **현행 관리체계**

o 국내 HIV 감염 및 에이즈환자는 **2,842명**(사망자 565명 포함)이며 98%가 **성접촉에 의해 감염**
 - 외국과 비교하여 감염률은 낮은 수준이며 '00년 이후 매년 100명 내외의 감염자 추가 발생(아시아지역 740만 명을 포함하여 전세계 감염자 4천만 명)

o 감염자에 대한 파악을 위하여 유흥업소 종사자 연 2회 의무검진, 헌혈액 검사, 보건소 무료검사 등 실시

o 감염자는 보건소에서 정기(분기 1회) 상담, 전문 진료 연계, 치료 시 본인부담금 전액 지원, 요양쉼터 제공 등을 통해 지원·관리

☐ **에이즈 예방·관리 보강대책**

o **감염자 파악을 위한 검사 활성화**
 - 접근이 용이한 전용 검진실 마련 등을 통해 고위험집단의 검사 활성화
 - 비뇨기과, 산부인과 등 의료기관을 중심으로 에이즈 검사 적극 권장

o **예방 홍보대책 강화**
 - 전화상담 및 인터넷 에이즈정보센터 운영을 통해 **정보 제공**
 - 버스·지하철 동영상 홍보 외에 국정홍보처, 방송사와 공동캠페인 추진 협의
 - 특히 **고위험집단인 동성애자 대상 집중 홍보**
   · 관련업소 밀집지역을 중심으로 현장 캠페인 및 상담활동 실시
 - 집창촌 및 동성애자 밀집지역을 중심으로 **콘돔 무료배포사업** 추진

출처: 대통령비서실(수석·보좌관회의 안건)

적인 수준에 머물러 있다. 그리고 대통령비서실의 보고서로는 내용이 너무 부실하다. 대책으로 나열된 것들도 상투적이다. 오히려 이러한 대책이 시행되었는데도 왜 문제해결이 잘 안 되었는지 분석한 결과가 나와야 했다. 계량화된 대책 제시가 없다는 점도 부실하게 느껴지는 부분이다. 실제 이 사례는 현장 관계자의 면담 등을 통해 보다 다각도로 논의되었던 내용이다. 그러나 이런 사실이 보고서에 빠져 있다 보니 보고서가 업무내용을 포괄하지 못한 전형적인 예가 되었다.

2005년 노무현 대통령은 8·15 경축사를 통해 국가권력이 저지른 잘못에 대한 공소시효 문제를 화두로 제시한 바 있다. 대통령비서실에서는 이 문제에 대해 여러 차례에 걸쳐 많은 검토와 연구를 진행했다. 〈사례 1-6〉은 이때 올라온 여러 보고서들 중 공소시효 배제에 관한 다양한 외국 사례를 정리한 것이다. 그러나 외국의 사례를 분석해서 우리나라에 어떻게 적용해야 할 것인지에 대한 '전략적·창조적 정보분석'이 부족하다는 지적을 받았다. 단순하게 사례만 나열한다거나, 심도 깊은 분석 없이 현황보고에 그쳐서는 수요자의 요구를 충족시킬 수 없다.

보고받는 사람의 입장에서는 보고서를 다 읽고 나서 어떤 조치를 취해야 하는지가 중요하다. 그냥 참고로 알고 있기만 하면 되는 것인지, 아니면 어떤 지시를 내려야 하는 것인지 등 모든 보고서는 각각의 목적이 있다. 보고서를 쓰는 사람이 받는 사람에게 이렇게 해 줬으면 하는 바람이 있을 수도 있다. 하지만 보고받는 사람에게 그것이 전달되지 않는다면 무슨 소용이 있겠는가?

사례 1-6 자료에 대한 전략적·창조적 분석이 부족한 사례

공소시효 배제 관련 참고사항

(중략)

☐ **주요 시사점**

o 유럽 및 미국 등 대다수의 선진국은 **중요 범죄에 대해서는 공소시효를 인정하지 않고 있음**

- 공소시효제도를 인정하는 국가로는 아르헨티나, 쿠바, 그리스, 프랑스, 덴마크, 이탈리아, 캐나다, 오스트리아, 스웨덴, 스위스, 스페인, 미국 등이며,

- 이 가운데 **덴마크, 프랑스, 이탈리아, 캐나다, 오스트리아, 미국** 등은 중한 범죄에 대해서 공소시효를 배제할 수 있는 장치를 갖고 있음

o 국제적 규약 및 국제법은 전쟁범죄 및 반인도적 범죄에 대한 공소시효 배제를 명문화하고 있으며, 국가에 의한 중요 범죄에 대한 공소시효 배제는 국제적 추세에 부합하는 입법 경향임

- '68년 유엔총회는 "전쟁범죄와 반인도적 범죄에 대한 시효부적용에 관한 협약"을 채택하였고, '74년 유럽의회도 동일한 효력을 인정하는 협약을 채택하였음

- '93년 세계인권대회 선언문 및 '98년 '로마회의' 규정 제29조는 반인도적 범죄에 대해 공소시효 배제를 구체적으로 명문화하였음

  ※ '93년 세계인권대회 선언문 제60조에서는 "국가는 고문과 같은 중대한 인권침해의 책임자를 불처벌로 이끄는 법률을 폐기하고, 그러한 침해를 기소해야 하며, 이를 통하여 법치주의는 확고한 기초를 갖게 된다"고 규정하였음

o 우리 헌법재판소는 특단의 사정이 있어서 법적 안정성이나 신뢰의 보호보다 **실질적 정의를 우선**해야 한다는 점에서 **공소시효 배제를 내포한 소급입법을 인정하는 경향이 강함**

- '89년 이후 우리 헌법재판소에서 다룬 소급입법에 대한 위헌법률심판 사건 9건 중 **7건에 대해 합헌결정**을 내렸음('96년 12월 기준)

출처: 대통령비서실,「공소시효 배제 관련 참고사항」보고서

보고서를 열심히 읽었는데 무슨 조치를 취해야 할지 모를 때만큼 막막한 경우도 없다. '참고자료' '학습자료'라고 명시되어 있으면 보고서를 읽고 반드시 조치를 취해야 하는 것이 아니므로 부담이 덜하다. 지시를 바란다고 했으면 무엇을 지시해야 하는지 보고서 본문에 구체적으로 드러내거나 결론 부분에서 건의를 해야 한다. 구체적이고 명확하게 보고서를 작성하지 않으면 지시를 내려야 하는 사람에게 부담만 안겨줄 뿐이다.

〈사례 1-7〉을 보면 보고서 작성자가 수요자에게 어떤 지시를 내려 달라고 하는 것인지가 명확지 않다. 본문에 해당 지시사항이 있더라도 결론 부분에서 다시 한 번 요약·정리해서 무엇을 건의해야 하는지 명확히 해야 한다. 보고서 작성자가 보고서 수요자의 입장을 한번이라도 생각해본다면 이러한 문제는 쉽게 발견할 수 있다.

지금까지 소개한 4가지 문제점을 한 마디로 요약하면 "보고서를 쓸 때 수요자의 입장에서 생각해보고 작성하라"는 것이다. 여기에 오류투성이의 보고서를 피할 수 있는 '핵심 열쇠'가 있다.

사례 1-7 건의사항이 불명확한 사례

(전략)

4. 건의 및 제안사항

☐ 부처별 세부 추진계획을 작성·추진토록 관련 부처에 업무지시 요망

출처: 대통령비서실「채권집행 실효성 확보를 통한 신용제도 확립방안」보고서)

보고서 작성·처리 표준 절차

지금까지는 어떤 보고서가 '나쁜 보고서'인지 소개하면서 보고서를 작성할 때 유의사항을 총망라해 설명했다.

이번 장에서는 실제로 보고서를 작성하고 처리하는 절차에 대해 소개하겠다. 일반적으로 보고서의 작성과 처리 과정은 크게 4단계로 나눠볼 수 있다.

첫째는 보고의 목표설정과 보고서 구상, 둘째는 자료수집과 분석, 셋째는 보고서 작성, 넷째는 보고와 사후조치 단계다. 이러한 구분은 설명하기 편하게 구분한 것으로, 실제로는 보고서의 종류나 사안에 따라 일부 과정을 생략하거나 더 세분화할 수도 있다. 그러나 보고서 작성이 이러한 과정을 거쳐 이루어지는 것이 일반적인 만큼 '보고서 작성과 처리의 기본틀'이라고 이해해도 좋다.

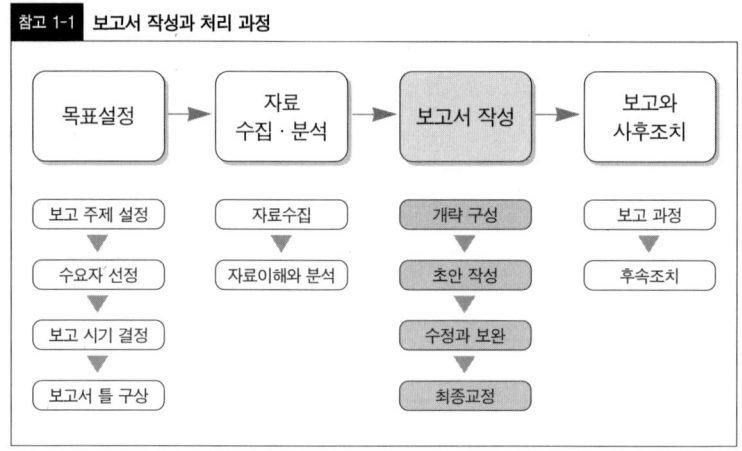

보고의 목표를 정하고 보고서를 구상한다

보고서를 작성하기 전에 먼저 어떤 주제로, 누구에게, 언제 보고할 것인지를 정한다. 이 보고를 통해 달성하려는 목표가 무엇인지를 분명히 하는 것이다. 물론 자료수집이나 보고서 작성 과정에서 보고의 목표를 변경할 수도 있다. 하지만 목표가 분명해야만 다음 단계에서 구체적인 자료수집 등을 제대로 할 수 있으므로 일단 처음에 방향을 잘 잡는 것이 무엇보다 중요하다.

이를 기반으로 어떤 내용의 보고서를 쓸 것인지 대체적인 구상을 한다. 보고서 구상에 있어서 가장 중요한 사항은 전체 목차, 그리고 목차별로 어떤 내용을 담을 것인가 하는 것이다. 소위 '뼈대를 구성하고 큰 살을 붙여' 보는 것이다. 이를 통해 보고서 작성의 큰 방향을 잡을 수 있다.

이 단계에서 중점적으로 고려할 사항을 정리해 보면 다음과 같다.

- 보고 주제가 무엇인가?
- 수요자는 누구인가?
- 언제 보고할 것인가?
- 전체 보고서의 틀에 대한 구상은 무엇인가?

01 보고 주제가 무엇인가

핵심 이슈를 뽑아내고 그 이슈를 무슨 이유로, 어떤 목적에서 보고하려고 하는지를 분명히 한다. 업무수행 과정에서 통찰력과 문제의식을 갖고, 보고가 필요하다고 판단되는 주제를 찾아내는 연습을 끊임없이 해야 한다. 다른 사람들이 보기에 평범한 이슈에 대해서도 보고의 주제를 잘 잡아내는 것은 하나의 능력이며, 이는 노력과 훈련을 통해 이루어진다. 어떤 이슈를 보고할지 결정하는 데 충분한 시간을 투자하는 것은 제대로 된 보고를 하기 위해서도, 불필요한 보고를 줄이기 위해서도 아주 중요하다.

02 수요자는 누구인가

이 보고서를 누가 읽게 될 것인지, 어디에 사용될 것인지를 생각해야 한다. 조직 내 보고로 그칠 경우 일반적으로 수요자(또는 수요처)는 명백하다. 대개 상급자 중 한 사람이다. 하지만 경우에 따라 '국무회의'나 '사장단 회의' 같은 상위 회의체에 보고되는 경우도 있고, 불특정 다수의 고객을 대상으로 발표하거나 교육하는 경우도 있다. 또한 일단 상급자에게 보고하고 나서 대외공개 등 다른 용도로 사용하는 경우도 있으므로 이런 점까지 염두에 두어야 한다.

보고 대상이 누구인지에 따라 보고서의 내용과 형식, 구체성의 정도, 분량 등을 적절하게 조절한다. 시장에서 고객이 누구인가에 따라 상품과 포장이 달라지는 것과 같은 이치다. 기술적이고 전문적인 이슈에 대한 보고의 경우, 수요자가 해당 분야에 대한 전문지식을 갖고 있는지 그렇지 않은지에 따라 보고서를 달리 작성한다.

03 언제 보고할 것인가

수요자가 필요로 하는 최상의 보고 시기가 언제인지를 미리 판단한다. 이럴 경우 보고서 준비 시간이 얼마나 되는지를 알 수 있다. 보고 시기를 알기 어려운 경우에는 어떻게 해야 할까? 상황이 애매하거나 복잡해서 수요자조차도 최적의 시기를 알기 어려운 경우가 있다. 이때는 구두 보고 등의 형태로 간략한 '중간보고'를 한 후에 상황을 보아 가면서 '최종보고'를 하는 것도 한 가지 방법이다.

보고서를 보고 시점에 맞춰 작성하는 것도 매우 중요하다. 그런데 실제로는 최적의 보고 시기에 맞춰 보고서를 작성하기보다는 수요자가 요구하는 마감 시한에 쫓겨 급히 작성하는 경우가 많다. 대개 한 번의 보고로 '오케이' 되는 경우가 많지 않으므로 여러 번 위아래를 오가다 보면 시간이 많이 걸린다. 그러므로 중간검토자는 보고서의 '요구 수준'과 '소요 시간'을 적절히 절충할 줄 알아야 한다. 보고 시점은 보고서 작성 시간만 포함시킬 것이 아니라 이렇듯 보고 과정에 소요되는 시간까지 감안해서 여유롭게 잡는 것이 좋다. 항상 예상했던 것과 실제는 다르기 때문이다.

04 전체 보고서의 틀에 대한 구상은 무엇인가

보고의 목표가 정해졌으면 이를 기반으로 보고서의 전체 모습, 즉 조감도를 그려본다. 지도가 있어야 원하는 장소를 쉽게 찾아갈 수 있듯이, 원하는 자료를 수집하기 전에 대략 어떤 방향으로 보고서를 작성할 것인지를 구상해본다. 이 단계에서 보고서의 구체적인 목차에 대한 초안을 작성하는 것도 좋은 방법이다. 한마디로 '보고서 작성을 위한 설계도'를 그리는 것이다.

이때 어떤 식으로 주제를 다루고 문제를 풀어나갈 것인지, 보고서 작성 문체는 어떻게 할 것인지, 분량은 어느 정도로 할 것인지 등도 생각해본다. 또한 직접 대면 보고를 할 것인지, 아니면 서면 보고를 할 것인지도 미리 생각해두는 것이 좋다.

자료를 수집하고 분석한다

'만들고자 하는 목표'가 정해졌으면 이제 그 재료를 구하고 다듬는 단계로 넘어간다. 맛있는 음식을 만들기 위해 '프로 조리사'는 신선하고 좋은 재료를 구하는 데 아무리 먼 곳이라도 발품을 아끼지 않는다. 충실한 보고서를 만들기 위해서 좋은 자료는 필수조건이다.

- 필요한 자료를 어디서 구할 것인가?
- 자료를 이해하고 분석한다

01 필요한 자료를 어디서 구할 것인가

자신의 머릿속에 담긴 지식에만 의존하여 보고서를 쓸 수는 없다. 다른 사람들이 만들어놓은 지식을 내 것으로 만드는 작업이 필요하다. 과거에는 이 단계에서 대개 도서관을 찾았다. 신문이나 잡지를 뒤지고 전문서적을 읽었다. 그러나 지금은 인터넷을 뒤지고 정부부처나 회사마다 구축되어 있는 인트라넷을 이용해 원하는 것을 검색한다.

예를 들어 구글 www.google.co.kr, 네이버 www.naver.com, 야후 www.yahoo.co.kr 등의 포털 검색사이트는 기능이 갈수록 막강해져서 청와대나 정부부처 공무원들조차 수시로 애용하고 있다. 거의 모든 신문·잡지를 모아놓은 가판대 www.newsstand.co.kr나 안보 분야의 국제 인기사이트인 글로벌 시큐리티 www.globalsecurity.org 등 분야별 전문사이트의 도움이 없다면 일상 업무는 상상하기 힘들 정도가 됐다. 종이 신문을 대신하여 강력한 검색·편집 기능을 제공하는 '스크랩마스터' 같은 디지털신문도 더 이상 생소하지 않다.

그러나 이런 공개된 자료만으로 좋은 보고서를 쓸 수 있는 건 아니다. 사실 가장 좋은 정보는 가까운 곳, 즉 우리 조직 내부에 있다. 내가 하고 있는 업무가 난생 처음 발생한 것이 아니라면 선배, 상사, 동료 중에서 누군가가 유사한 보고서를 쓴 경험이 있을 것이다. 심지어 동일한 내용을 보고했을 수도 있다.

따라서 먼저 과거의 보고자료들을 찾아봐야 한다. 이렇게 하면 종전에 어느 정도까지 보고가 되었는지 파악할 수 있다. 조직 내에 지식관리시스템이 잘 정리되어 있으면 이 작업은 손쉽게 이루어진다. 몇 개의 키워드만 두드리면 관련 보고서가 자동으로 검색된다. 이런 시스템이 없다면 보고서를 모아놓은 캐비닛, 창고, 문서대장 등을 꼼꼼하게 찾아볼 수밖에 없다. 입맛에 딱 맞는 보고서가 있으면 가장 좋겠지만, 그렇지 않은 경우에도 최소한 보고 주제가 과거에 어떻게 검토되었는지 이력이라도 참고할 수 있다.

보고자료를 찾기가 어렵거나 접근 권한에 문제가 있다면, 관련부서의 담당자를 찾아가 의견을 물어보고 사실 확인 등을 해본다. 혼자서 힘들게 찾던 자료도 그 업무의 담당자에게 부탁하면 금방 찾을 수 있다.

다음은 '고수'를 활용하는 것이다. '고수'란 우리 부서의 고참일 수도 있고, 다른 부서의 관련 업무 담당자일 수도 있다. 그들은 우리가 상상하지 못한 엄청난 자료를 갖고 있기도 하다. 또는 몇 마디 대화만 나눠도 주옥 같은 아이디어가 줄줄 나올 정도로 머릿속에 많은 정보를 담고 있다. 자료수집 과정에서 상사, 선배, 동료, 그리고 관련된 분야 전문가와 자주 의논하고 토론하며 협의하는 것은 꼭 필요한 과정이다.

유용한 인터넷 사이트

- **경제**

    한국은행 http://www.bok.or.kr/
    재경부 http://www.mofe.go.kr/
    기획예산처 http://www.mpb.go.kr/
    금융감독원 전자공시시스템 http://dart.fss.or.kr/
    통계청 KOSIS 통계정보시스템 http://kosis.nso.go.kr/
    국가통계 포털 http://nsportal.stat.go.kr/
    한국개발연구원(KDI) http://www.kdi.re.kr/
    한국조세연구원 http://www.kipf.re.kr/
    대외경제정책연구원 http://www.kiep.go.kr/
    한국금융연구원 http://www.kif.re.kr/
    전국경제인연합 http://www.fki.or.kr/
    대한상공회의소 http://www.korcham.net/
    참여연대 http://www.peoplepower21.org/
    경제정의실천시민연합 http://www.ccej.or.kr/
    삼성경제연구소 http://www.seri.org/

- **법**

    법제처 http://www.moleg.go.kr/
    법령 검색 로앤비 http://www.lawnb.com/
    판례 검색 대법원
      http://glaw.scourt.go.kr/glis/legal_c/SearchFrame.jsp

- **환경**

    환경부 http://www.me.go.kr/
    환경운동연합 http://www.kfem.or.kr/
    유엔 환경부 http://www.unep.org/

- 노동

    노동부 http://www.molab.go.kr/

    한국노동연구원 http://www.kli.re.kr/

    한국노총 http://www.inochong.org/

    민주노총 http://www.nodong.org/

    OECD 노동사회국
       http://www.oecd.org/department/
       0,2688,en_2649_33729_1_1_1_1_1,00.html

    EU 고용사회국
       http://ec.europa.eu/employment_social/index_en.html

- 보건복지

    보건복지부 http://www.mohw.go.kr/

    한국보건사회연구원 http://www.kihasa.re.kr/

    국민연금관리공단 http://www.nps.or.kr/

    국민건강보험관리공단 http://www.nhic.or.kr/

    건강보험심사평가원 http://www.hira.or.kr/

    한국여성정책연구원 http://www.kwdi.re.kr/

    세계보건기구(WHO) http://www.who.int/

    국제연합개발계획(UNDP) http://www.undp.org/

    영국 보건부(Department of Health) http://www.dh.gov.uk/

    미국 보건복지부(Department of Health and Human Services)
       http://www.dhhs.gov/

    일본 후생노동성(Ministry of Health, Labour, and Welfare)
       http://www.mhlw.go.jp/

    호주 복지부(Department of Human Services)
       http://www.dhs.vic.gov.au/about.htm

    미국 질병관리본부 보건통계청(National Center for Health Statistics)
       http://www.cdc.gov/nchs/default.htm

미국 보건연구소(National Institutes of Health)　http://www.nih.gov/

영국 공공정책연구소(Institute for Public Policy Research)
　http://www.ippr.org.uk/policyareas/

미국 Brookings Institution(보건・복지와 사회정책 연구부)
　http://www.brook.edu/data/brookings_taxonomy.xml?taxonomy=Social%20Policy

미국 Rand Corporation(인구, 고령화, 아동, 사회보장, 보건정책 등)
　http://www.rand.org/research_areas/

미국 Urban Institute(보건・복지, 사회보장 연구)　http://www.urban.org/

미국 Eastwest Center　http://www.eastwestcenter.org/

The Future of Children(아동복지 연구)　http://www.futureofchildren.org/

National Institute on Aging(노인복지)　http://www.nia.nih.gov/

● **북한**

통일연구원　http://www.kinu.or.kr/

북한연구소　http://www.nkorea.or.kr/

경남대 극동문제연구소　http://ifes.kyungnam.ac.kr/

The Daily NK　http://www.dailynk.com/

● **국방**

한국국방연구원　http://www.kida.re.kr/

제인스정보그룹　http://www.janes.com/

랜드연구소　http://www.rand.org/

노틸러스연구소　http://www.nautilus.org/

● **국제관계**

헤리티지 재단　http://www.heritage.org/

외교관계협의회　http://www.cfr.org/

미국 국제전략문제연구소　http://www.csis.org/

영국 국제전략문제연구소　http://www.iiss.org/

- **논문 검색**

  국회도서관   http://www.nanet.go.kr/
  국립중앙도서관   http://www.nl.go.kr/
  국가과학기술도서관   http://www.ndsl.or.kr/
  서울대학교 중앙도서관   http://library.snu.ac.kr/

- **언론기사 검색**

  KINDS   http://www.kinds.or.kr/

- **관보 검색**

  전자관보   http://gwanbo.korea.go.kr/

02 자료를 이해하고 분석한다

아무리 좋은 자료를 구해도 이를 잘 이해하고 분석해서 보고서에 적절히 인용하거나 사용할 수 없다면 무용지물이다. 대부분의 자료는 작성하려고 하는 보고서의 목적에 꼭 맞지 않는다. 보고서 작성 자체가 항상 새롭게 문제에 접근하기를 요구하는 속성이 있기 때문이다. 자료를 분석한다는 것은 보고서 목적에 맞도록 가공한다는 뜻이다.

보고서에 관한 말 중에 "해당 분야 전문가 수준으로 깊이 이해하고, 비전문가도 이해할 수 있도록 쉽게 써야 한다"라는 것이 있다. 이를 위해서는 완전히 이해하고 신뢰할 수 있는 자료만 보고서에 사용해야 한다. 자료의 적합성, 출처의 신뢰성, 내용의 정확성 등을 꼼꼼히 따져보는 것은 기본이다. 진위 여부가 의심스러운 자료는 두 개 이상의 출처를 통해 비교·확인한다.

자료를 검토하는 과정에서 가장 유의해야 할 점은 수집된 자료가 사실인지 거짓인지를 구분해내는 것이다. 자료는 균형되고 중립적인 시각에서 분석하고 가공해야 한다. 자료의 한쪽 측면만 본다면 왜곡될 가능성이 높아진다. 특히 인터넷 자료나 언론기사의 경우 사실 여부 확인이 중요하다. 부정확하거나 교묘하게 왜곡된 자료가 비일비재하기 때문이다.

심지어 공공기관에서 만든 자료들 중에도 해당 기관의 입장에서 임의로 작성한 경우를 종종 볼 수 있다. 그러므로 서로 대조되는 시각에서 자료를 비교하여 판단해야 한다. 조금이라도 의심이 가면 정반대의 입장에서 자료를 검증한다. 부정확한 자료에 기초한 보고서는 잘못된 의사결정으로 귀결되어 국가, 기업, 조직에 큰 피해를 안겨줄 수도 있기 때문이다.

보고서를 작성한다

이제 '보고서'를 요리할 준비가 모두 끝났다. 좋은 자료가 아무리 많아도 잘 엮지 못하면 좋은 보고서가 될 수 없다. 이 과정을 다음과 같이 4단계로 구분할 수 있다.

01 개략 구성

먼저 보고서의 목차와 주요 내용을 선정한다. 물론 보고서 목차의 초안은 보고서 구상 단계에서도 할 수 있다. 보고서 제목, 개요, 실태와 문제점, 대책 방향, 결론 등 작성하려는 보고서 유형에 맞게 구체적으로 목차를 정한다.

그 다음에는 각 목차에 포함되어야 할 주요 내용을 수집된 자료에 기초하여 개략적으로 써넣는다. 즉 세부 목차 수준까지 작성하여 보고서의 뼈대를 만들어야 한다. 이는 수집하고 분석한 자료들 중에서 어떤 것을 선택하고 어떤 것을 버릴 것인지, 채택된 자료를 어떻게 나열하고 논리적으로 연관성을 유지할 것인지 등을 결정하는 과정이다.

02 초안 작성

개략적으로 구성된 보고서의 뼈대에 살을 붙여가는 과정이다. 연관성을 고려하여 문장을 쓰고 표를 작성하고 그림을 붙이는 등 보고서의 모습을 구체화하는 작업이다. 초안을 작성하는 이유는 처음부터 너무 완벽한 보고서를 만들려고 하다가 방향을 잘못 잡으면 시간만 낭비할 수 있기 때문이다. 단어 선정이나 문장 구성에 너무 얽매이지 말고 뼈대에 살을 붙인다는 마음자세로 내용을 보강하면 된다. 초안 작성 시 보고서에 대한 비판이나 문제 제기를 지나치게 의식하지 않는 것이 좋다. 보고서를 검토하고 수정하는 과정에서 보고서 기조가 소극적으로 바뀔 수 있기 때문이다.

03 수정과 보완

초안을 점검하여 수정·보완해 가는 과정이다. 이 과정을 아예 생략하거나 경시하는 사람이 많은데, 시간이 없어서라기보다는 자신이 작성한 초안에 너무 자신감을 가졌거나 집착하기 때문이다. 자신이 한 일을 부정한다는 것은 고통스러울 수밖에 없다. 특히 아집이 강한 사람에게는 참으로 내키지 않는 일이다. 하지만 보고서를 수없이 작성해보고 보고 과정에서 많은 수정과 보완 요구를 받아본 사람이라면 절대로 처음 쓴 보고서를 그대로 올리지 않는다. 대개 보고서 초안은 너무 늘어지거나 부적절한 단어를 사용하는 등 허점이 많다. 누구도 초안을 완벽하게 작성할 수 없고 항상 고칠 곳이 있게 마련이다.

보고서를 수정·보완하는 경우 앞서 강조한 것처럼 작성자의 입장에서 탈피하여 철저히 수요자의 입장이 되어야 한다. "수요자가 요구하는 것이나 궁금하게 생각하는 것을 해소할 수 있게 작성했는가?" "수요자가 동의할 만큼 객관적이고 설득력 있게 작성했는가?" "단어나 문장에 불명확한 표현은 없는가?" 이처럼 수요자의 입장에서 보게 되면 새로운 문제가 드러나는 경우가 많다.

이와 병행하여 주위에서 아낌없이 비판해줄 사람을 찾아보라. 서로 '다른 시각'은 자신의 '단견과 편견'을 보완해주는 정말 고마운 존재다. 세계적인 유명 학술지에서 논문 검토에 3명 이상을 참여하도록 하는 이유가 여기에 있다. 또한 신문, 방송사에서 편집국이나 뉴스데스크에서 초안 기사를 과감하게 수정·첨삭하는 것도 이런 이유 때문이다.

04 최종교정

수정·보완을 거친 보고서를 마지막으로 한 번 더 점검하는 과정이다. 많은 시간과 정성을 기울여 작성한 보고서가 사소한 실수로 평가절하된다면 무척 억울한 일이다. 오탈자 한두 개, 틀린 데이터 하나가 보고서 전체의 품격과 신뢰성을 떨어뜨릴 수도 있다. 완벽에 완벽을 기한다는 자세로 작업에 임해야 한다. 특히 작성자 외에는 확인하기 어려운 숫자, 인명이나 지명(특히 외국어), 연도 등은 책임감을 갖고 재확인한다.

보고서를 작성하는 데 몇 사람이 공동으로 참여했다면 참가자 모두가 최종점검을 해야 한다. 혼자 보고서를 작성한 경우에는 이를 최종적으로 교정해줄 사람을 찾는다. 각자 따로 읽어보고 교정회의를 하는 것도 방법이지만, 모두 모여 함께 읽으면서 검토하는 것이 효율적일 때도 있다. 작성자에게 완벽해보였던 '나의 보고서'에서 어이없는 실수가 발견될 때마다 스스로 놀라지 않을 수 없다.

지금까지 보고서의 작성 과정을 순차적으로 소개했다. 그러나 이대로 똑같이 할 필요는 없다. 보고서 작성 경험이 많거나 해당 업무에 정통한 사람이라면, 보고서에 대해 대략적인 구상을 한 후 곧바로 작성에 들어갈 수도 있다. 반면에 이미 했던 과정을 다시 반복해야 하는 경우도 있다. 보고서 작성 과정에서 수집된 자료가 부실하다는 생각이 들면 추가 자료수집과 분석작업을 하기도 한다. 수정·보완하는 과정에서 논리적 연관성이나 구성에 문제가 있다고 판단되면 보고서 구상을 전체적으로 다시 할 수도 있다.

보고하고 후속조치를 취한다

이제 만들어진 음식을 고객에게 선보일 차례다. 고객이 만족할 수도 있지만 불만족스러워 퇴짜를 놓을 수도 있다. 추가 주문이나 요구를 할 수도 있다. 물건에 비유하자면 포장하고 출고하면서 고객의 반응을 살펴보는 일이 남은 것이다.

01 보고 과정

보고서는 그 자체만 갖고 보고하는 경우는 드물다. 별도의 표지를 만들고, 결재를 받기 위한 기안지나 별도 요약지를 붙이기도 한다. 서면 보고인 경우 간단한 메모를 통해 보고서에 대한 자신의 의견을 표시하거나 '내일 중으로 대외 공개 예정'처럼 보고서 처리에 관련된 사항을 전달하기도 한다.

보고서 표지에는 보고서 자체에 대한 정보와 처리 과정이 표시되어 있어야 한다. 보고서 제목과 작성 일자, 작성자 소속(성명) 등은 반드시 포함되어야 할 사항이다. 보고서가 문서로 등록·처리될 경우에는 기록관리상 필요한 각종 정보, 예컨대 문서 일련번호, 처리 일자, 문서 처리사유 등이 기재된 서식을 사용한다. 비밀보고서는 비밀 표시와 비밀 관리표시 등을 한다.

보고서를 작성하는 것만큼이나 작성된 보고서를 처리하는 데도 상당한 노력이 필요하다. 어려운 일은 아니지만 실수하기 쉽고 참으로 딱딱한 일이다. 온라인 보고가 활성화되면서 이 문제는 한결 쉬워졌다. 온라인 보고 시 문서서식이 자동으로 제공되므로 꼭 필요한 정보만 입력하면 된다. 누락된 정보가 있으면 알려주기 때문에 실수도 현저히 줄어든다. 그래도 여전히 종래의 부전지附箋紙를 전산화해 놓은 정도에 불과해 보고서 자체에 대한 정보와 처리 경위, 다른 보고서나 업무와의 연계성 등을 파악하기가 쉽지 않은 경우가 있다. 그리고 기록관리나 정책홍보, 보안관리 등은 별개의 문제다.

대통령비서실 업무관리시스템인 이지원(e知園)에서는 일종의 보

사례 1-8 각종 보고서 표지

◀ 민간기업

海 外 情 報

2005. 7. 5

企業 經營
□ 機會와 威脅의 兩面性을 지닌 블로그族 ······················· 3

産業·技術
□ 博物館과 尖端技術의 만남 ······································· 8

經濟·社會
□ 東南亞 都市國家의 新成長戰略 ······························· 13

위원회 ▶

제81회 국정과제회의 본보고서

개발과 보전의 통합적 국토관리체계 구축방안

2006. 7. 13

PCSD 대통령자문 지속가능발전위원회

◀ 중앙부처

담 당 과	통계청 고용복지통계과
담 당 과 장	최 연 옥(롤룸조)
담 당 주 무 관	김 영 진(롤룸룸)
전 화 번 호	(042) 481-2273~4

2006 통계로 보는 여성의 삶

2006. 7.

○ 통계청에서는 여성의 삶의 변화를 경제·사회·문화 등 다방면
에서 살펴보기 위해 우리청을 비롯한 여러 통계작성기관에서
작성한 여성관련 통계를 수집·정리하여 1997년부터 매년
「통계로 보는 여성의 삶」을 발간하고 있습니다.

○ 금년이 10번째로서 「제11회 여성 주간」에 맞추어 발간하게 되었
습니다.

통 계 청

출처: 대통령비서실

고서 표지인 '문서관리카드'[1]를 통해 이러한 문제를 해결하고 있다. 이 시스템에 대한 자세한 설명은 247페이지를 참조하기 바란다.

    온라인 보고의 경우 문서 이력과 보고 경로를 지정하고, 보고서와 참고자료를 첨부하고, 처리의견을 써서 상신하면 일단 보고서 작성자의 손을 떠나게 된다. 하지만 보고서 처리 과정이 이것으로 종결된 것은 아니다. 보고 과정에서 중간검토자나 최종결재자가 보고서에 대한 검토의견을 줄 수도 있다. 반려하거나 재작성을 지시하기도 한다. 보고서 중간 경유지에 회의체가 들어갈 수도 있다. 이 경우에는 자신이 상정한 보고서를 놓고 회의를 개최하여 그 결과를 반영한다.

    아무리 온라인화되고 자동화되어도 보고서를 작성해서 처리하는 것은 이렇듯 많은 노력을 요하는 일이다. 그래서 업무 효율성을 위해 행정자치부, 기획예산처 등에서는 간단한 것은 장관에게 이메일로 보고하도록 하고 있다. 간단한 조치이지만 그 효과는 실로 엄청나다. 장관도 적시에 필요한 정보를 제공받고 직원들도 시간을 절약할 수 있으니 일석이조가 아닐 수 없다.

---

[1] '문서관리카드'는 문서의 생산부터 보고, 기록, 재활용까지의 전 과정을 체계적으로 관리하기 위해 대통령비서실에서 고안한 새로운 문서관리체계의 일부다. 문서처리 과정을 낱낱이 기록함으로써 문서작성자나 검토자의 처리의견, 문서작성의 기초가 된 자료나 정보 등을 한눈에 파악할 수 있다. 2006년 노무현 대통령과 개발팀이 공동으로 특허를 받았다. 자세한 설명은 232페이지를 참고하기 바란다.

02 후속조치

결재권자의 요구가 충족되어 결재가 이루어지면 필요한 후속조치를 취한다. 보고서 자체는 기록관리를 위해 필요한 정보를 기입하고

'종결처리' 조치를 한다. 이때 후속조치 예정사항을 기입한다. 단순한 참고 보고인 경우에는 보고 자체가 목적이므로 더 이상 취할 조치가 없을 수도 있다. 하지만 지시를 바라는 목적으로 쓴 보고서, 결재권자가 특별한 지시를 내린 경우, 또는 보고서 내에 조치계획을 보고한 경우에는 후속조치가 필요하다.

유능한 결재권자라면 "1% 지시, 99% 감독"에 대해 잘 알고 있을 것이다. 결재권자의 눈앞에 벌어지는 '보고'는 당장의 일이니까 열심히 하지만, 결재권자의 눈 밖에서 나중에 처리되는 '실천'은 잘 안 된다. 따라서 보고 자체보다도 현실적으로는 후속조치가 더 중요하다. 그런 의미에서 지시사항 관리체계가 필요하다. 지시사항을 등록하고 추진계획, 점검 일정에 따라 이행 여부를 확인하는 습관을 들여야 한다.

Chapter 4

보고서 전개 방식과 표준서식

앞의 장에서 보고서 작성과 처리의 표준적인 절차를 소개했다. 이번 장에서는 일반적으로 어떻게 보고서를 써내려가야 할 것인지를 소개하고, 표준적인 보고서 서식을 제안하고자 한다. 보고서의 종류별 세부 작성요령은 2부에서 다루기로 한다.

제목부터 결론까지, 보고서 전개 방식

대부분의 보고서 수요자들은 항상 바쁜 사람들이다. 그러면서도 막중한 책임감을 갖고 있으므로 매사에 신중하고 주의깊을 수밖에 없다. 따라서 보고서는 짧은 시간에 핵심을 파악할 수 있도록 작성하면서도 내용이 충실하고 구성도 짜임새가 있어야 한다. 물론 구체적 전개 형식은 보고서의 유형에 따라 다르다. 문장의 서술 방식이나 표현도 사안에 따라 다소 차이가 있다. 따라서 구체적 작성 방법은 유형별 보고서 작성 방법을 참고하는 것이 유용하다. 다만 여기서는 모든 보고서에서 공통적으로 사용하는 부문별 내용 전개와 서술 방식을 소개하려고 한다.

우선 보고서 전체의 전개 방식을 소개하겠다. 보고서의 단 구분은 2단(현황과 문제점, 개선방안), 3단(서론·본론·결론 혹은 도입·전개·정리), 4단(기·승·전·결), 5단 이상(개요, 현 실태와 문제분석, 해결방안 검토, 추진전략과 추진계획, 결론과 건의 등)으로 다양하다. 이는 보고서의 유형이나 성격에 따라 다를 수밖에 없는데, 작성자가 취사선택해야 할 사항이다. 다만 여기서는 개요, 본문, 결론으로만 구분하여 서술 방식을 설명하고자 한다.

01 제목

수요자가 제목만 보고도 전체 내용이나 취지, 보고 성격을 알 수 있도록 내용을 최대한 포괄해야 한다. 그러면서도 가능한 20자 이내로 압축해서 표현하는 것이 좋다. 지나치게 추상적인 표현보다는 핵심 주제를 전달할 수 있도록 문장 형식으로 표현하는 것이 좋다. 수식어나 조사 등 생략해도 의미 전달에 지장이 없는 것은 과감히 생략하여 간결·명료하게 만든다.

가능하면 짧은 것이 좋지만 다른 보고서와 뚜렷하게 구분되어야 한다. 통상 하나의 사업이나 과제를 수행하다 보면 여러 보고서를 만들게 된다. 제목을 달 때는 일련의 보고서가 작성될 것을 염두에 두고 체계적으로 부여하거나, 소제목이나 부제를 다는 것도 좋다.

- 정책보고서 제목 예시: 장병 인터넷 교육장 운용 개선방안 1차 검토
- 정보보고서 제목 예시: 최근 유럽 주요국 이민 수용요건 강화 추진동향
- 회의보고서 제목 예시: 제3차 부동산정책회의 결과보고(참여정부의 부동산정책 평가를 중심으로)
- 행사보고서 제목 예시: 정부업무관리시스템 장·차관 학습 행사계획 및 말씀참고자료

02 개요

이 부분에서는 보고받는 사람이 전체 보고서의 취지나 핵심 내용을 간단히 파악할 수 있도록 해야 한다. 그러기 위해서는 전체 내용을 요약하거나 보고서 작성의 목적, 경위 또는 배경 등을 간략하게 정리해두면 좋다. 개황이나 간단한 문제 제기 등을 통해 수요자의 관심을 유발하는 것도 좋은 방법이다.

정책보고서처럼 사안이 복잡하여 결론을 단순하게 요약하기 힘든 경우를 제외하고는 중요 결론을 포함시킨다. 개요에 중요 결론이 포함된다면 수요자는 개요 부분만 봐도 전체 보고서를 이해할 수 있어 편리하다. 그러나 본문의 결론을 대체할 정도로 너무 길거나 본 보고서의 내용을 그대로 반복하는 것은 좋지 않다.

사례 1-9 개요 예시

● 취지만 기술하는 경우

> o 대통령님 지시('04. 9. 1)에 의거 정부 종합점검팀이 국내외 전문가 자문 및 연구용역을 통해 ○○○ 사업에 대해 3개월간 검토한 결과를 사업조정 방향과 함께 보고드림

● 취지와 결론을 함께 기술하는 경우

> o 인적자원개발 기본법 제5조에 따라 정부가 향후 5년간 추진할 제2차 국가인적자원개발 기본계획('06~'10)을 20개 부처 공동으로 마련
>
> o 제2차 기본계획은 국민이 체감할 수 있고, 실현 가능한 과제를 중심으로 성과목표를 명확하게 제시
> - 기초학문 및 국가 산업발전을 주도할 석·박사 연구인력 5만 명 신규 양성, 차세대 성장 동력 분야 핵심 인력 1만 명 신규 양성
> - 인적자원개발 시스템 정비: 학제 개편, 산학협력 지원체계 구축 등
> - 4대 영역, 20개 정책 분야, 67개 주요 정책과제 포함 200개 과제 추진

출처: 대통령비서실(「○○○사업 점검결과 및 조정 방향 보고」보고서, 「제2차 국가인적자원개발 기본계획 보고」보고서)

03 본문

보고하려는 주제와 관련한 실태, 현황, 문제점, 대책 검토 등의 내용을 사안별로 짜임새 있게 정리한 부분이다.

전반적인 내용의 전개 방식에는 두괄식(연역적 형식)과 미괄식(귀납적 형식), 그리고 양괄식(혼합적 형식)이 있다. 학문적인 글에는 귀납적인 미괄식이 주로 사용된다. 그러나 보고서에서는 두괄식을 주로 사용하고 필요할 때 양괄식을 병행하는 것이 좋다. 특히 문단은 두괄식으로 결론을 기술하고 판단 근거를 부연해서 전개한다. 비중 있고 핵심적인 사안을 앞에 서술하여 확실하게 부각시키고 부수적인 내용은 뒤쪽에 배열해야 한다.

보고서를 작성할 때는 가급적 육하원칙에 따라 작성한다. 하지만 실제로는 6가지 요소 중 꼭 필요한 부분만 보고서에 기술한다. '개요'에서 보고 경위를 작성할 때는 '누가, 언제, 무엇을, 어떻게' 부분만 작성하는 것이 일반적이다. 본문에서는 주로 '무엇을, 왜, 어떻게'를 기술한다.

그리고 개조식의 경우에는 한 문장이 가급적 2줄 이내, 최대 3줄을 초과하지 않도록 한다. 그리고 '~했음' '~할 예정임' 등 시제를 분명히 한다.

동일한 내용이나 단어가 중복되지 않도록 신경 쓰면서 피동형보다는 능동형을 사용하고, 한 문단에 한 개의 초점(내용)만을 기술하여 혼선을 피해야 한다. 또한 앞의 개요에서 제시된 내용과 세부 내용이 모순되지 않도록 일관성과 통일성을 유지해야 한다.

04 결론

내용에 대한 결론을 요약하고 건의사항 등을 제시하는 부분이다. 결론은 실천이 가능하고 구체성 있는 제안을 하여 수요자가 실제 활용할 수 있도록 해야 한다. 행정적으로 향후 조치해야 할 내용을 담기도 한다.

사례 1-10 결론 예시

3. 결론 및 조치사항

☐ **결론**
- 범정부적 의견과 각계 전문가의 의견을 종합한 결과, ㅇㅇㅇ 확보 방안으로 '국내개발 방안'이 적절한 것으로 판단됨
- 단, 이 사업의 타당성 확보를 위해서는 경제성·기술성 개선과 더불어 "사업규모 조정"이 중요하므로, 이를 고려한 사업계획 수립이 필요

☐ **사업조정 방향**
- 소요 수량은 경제성을 고려, 적정 소요를 재판단
- 요구 사양은 ㅇㅇ부가 중심이 되어 재판단하되 사업이 지연되지 않도록 관리

☐ **향후 계획**
- 사업단은 사업계획을 수립, 심의회에 회부하고 결과를 보고 //끝//

출처: 대통령비서실(「ㅇㅇㅇ사업 점검 결과 및 조정 방향 보고」 보고서)

표준서식을 정하라

작은 조직에서는 보고서 서식을 맞추는 일이 어렵지 않다. 하지만 여러 기관으로 나누어지고 다시 여러 부서로 나누어지는 정부나 대기업의 경우 이는 결코 간단한 일이 아니다. 관련 규정을 만들고 별도 교육까지 시켜가면서 보고서를 표준화해보려 시도하지만 수만 명을 일사불란하게 만드는 것이 쉬운 일은 아니다.

가능하다면 일상적이고 반복적인 보고서 작성 업무에 표준서식을 활용하는 것이 편리하고 효율적이다. 보고서 서식을 통일하면 수요자의 편의성이 높아질 뿐 아니라 여러 사람이 공동작업을 하기도 쉽고 보고서의 분류·편철·보존도 용이하다. 대통령비서실에서 사용하는 표준보고서 작성 서식은 〈참고 1-2〉와 같다.

'표준화'는 다소간의 이견노출과 갈등을 동반하기 때문에 대통령비서실도 '표준서식'을 정하는 데 어려움이 많았다. 여러 대안들 중에서 전체적인 미관이나 해독 용이성, 용지 사용의 경제성 등을 감안하여 실무적으로 검토하고 직원들의 의견수렴을 거쳐 대통령비서실의 표준 용지 양식으로 최종 확정한 것은 〈참고 1-3〉과 같다. 흔글 프로그램과 흰색 A4용지(가로 210mm, 세로 297mm)를 기준으로 삼았다.

01 머리말과 꼬리말

머리말은 여러모로 유용하다. 특히 보고서가 길거나 낱장으로 유통될 경우 보고서 표지 없이도 머리말을 보고 내용을 대강 알 수 있다.

참고 1-2 대통령비서실 보고서의 표준서식

('05. 8. 11, 수석·보좌관회의 안건, XXXX비서관실, 중고딕, 14p)

헤드라인M, 22p
– 글상자 색상은 보고서 유형별로 구분^{주)}, 글상자 테두리선 0.3mm –

중고딕, 15p, 글상자 색상 연녹색, 글상자선 이중테두리
(본문에 문서 취지가 포함될 시 본 글상자는 생략 가능)

---

1. 헤드라인M, 16p

□ 휴먼명조 또는 헤드라인M, 15p, 1칸 들여쓰기

ㅇ 영문소문자 o, 휴먼명조, 15p, 2칸 들여쓰기

　- 하이픈, 휴먼명조, 15p, 3칸 들여쓰기

　· 점, 휴먼명조, 15p, 4칸 들여쓰기

　※ 중고딕, 13p, 3~7칸 들여쓰기

- 편집 여백 : 위·아래 15mm, 좌·우 20mm, 머리말·꼬리말 10mm
- 줄간격 : 130%
- 기본글자체 : 휴먼명조, 15p(제목 : 헤드라인M, 강조 : 중고딕)
- 목차 체계 : 보고서 내용에 따라 번호체계(1, □, ㅇ ···) 또는 도형체계
　　　　　　(□, ㅇ, - ···) 선택
- 문단 간격 : 임의로 설정
- 중요한 부분은 **진하게** 또는 파랑색 표시

주) 보고서 유형별 제목상자 색상 구분

(연한옥색)	**정책보고서**
(하늘색)	**상황·정보보고서**
(연노랑색)	**회의보고서**
(오렌지색)	**행사보고서**

- 1 -

참고 1-3 대통령비서실 보고서의 표준 용지 양식

```
                    ┌ 위로부터 15mm                      ↕ 15mm
                    │                         ┌─머리말   ↕ 10mm─┐
                    │                         │                │
          문서의    ├ 왼쪽으로부터 20mm        │                │
          여백      │                         ↔              ↔
                    ├ 오른쪽으로부터 20mm    20mm            20mm
                    │                         │                │
                    │                         │                │
                    └ 아래로부터 15mm         │   꼬리말 ↕10mm │
                                              └────────────────┘
          ※ 머리말 · 꼬리말 10mm                        ↕ 15mm

          ※ 문서의 편철 위치나 용도에 따라 각 여백을 달리할 수 있음
```

머리말은 '날짜, 보고서 목적 또는 제목, 작성부서' 등의 내용을 중고딕체 14포인트로 적는다. 이때 보고서 목적은 'OO회의 안건' '부서 내부 검토결과' '지시사항 이행계획' 등으로 작성하고, 목적이 명확하지 않은 경우 보고서의 제목을 그대로 사용할 수 있다. 꼬리말은 주로 페이지를 적는 공간으로 활용한다.

02 제목과 취지

제목은 문서 맨 위에 '제목상자'를 그리고 그 안에 기술하면 된다. 제목상자의 바탕색은 보고서 유형에 따라 각기 다른 색을 쓰고 테두리는 검정색 0.3mm를 사용한다. 보고서 제목의 색상만 봐도 어떤

사례 1-11 대통령비서실의 실제 보고서 양식 사례

('06. 2. 27, 내부검토자료, 업무혁신비서관실)

e知園 교육계획(안)

3. 7(화)~8(수) 시행될 e知園 기능교육을 위한 내용 구성 및 시간계획입니다.

☐ 교육 개요

- 일정 : 3. 7(화) 10:00~11:00, 14:00~15:00 3. 8(수) 10:00~11:00
- 대상 : 전 직원(출석률은 혁신지수에 반영), 여민2관 지하강당

☐ 교육내용 및 시간계획

구분	주요 내용	담당
[파트1] 정보보안	· 바뀐 보안정책: 출력물 워터마크, 출력로그 저장, 서버 DRM · 향후 적용할 보안정책: PKI · 최근 보안정책 위반 시 조치내역(사용자주의 환기 목적) · 사용자 주의사항	신용석 (20분)
[파트2] 과제관리	· 과제 유형 구분 · e知園상에서 처리 방법 · 향후 e知園 '우리실과제현황: 변경화면 설명'	이현경 (10분)
[파트3] 문서관리	· 문서관리카드: 경로정리, 별지의견, 첨부수정, 정보출처, 버전관리, 메모가필, 보류, 홍보관리 속성(한글2005 포함) · 기타: 쪽지(지시/개선요청/실마리 통합), 할 일, 일정 출력	조미나 (30분)

☐ 고려사항

- 비서관 참석 유도를 위해 비서관은 참석 시 더블포인트
- 실습교육은 없고, 파트2와 파트3은 강사 한 명으로 할 수도 있음

출처: 대통령비서실「e知園 교육계획(안)」보고서

종류의 보고서라는 것을 구분할 수 있다면 하루에도 수많은 보고서를 처리해야 하는 수요자의 입장에서는 한결 수월해진다. 온라인 보고 시 화면색상을 고려하여, 대통령비서실에서는 '연한옥색, 하늘색, 연노랑색, 오렌지색'을 유형별 보고서의 4가지 색상으로 선정했다. 제목 하단에는 '취지상자'를 두어, 보고 취지나 배경을 간략히 기술한다.

03 문자

문서는 국립국어원 어문규정에 맞게 한글로 작성하는 것을 원칙으로 한다. 뜻을 정확히 전달하기 위해 필요한 경우에는 괄호 안에 한자나 영어, 그 밖의 외국어를 쓸 수 있으나 지나치게 많이 사용하는 것은 바람직하지 않다.

04 숫자와 일시

특별한 경우가 아니면 숫자는 아라비아 숫자로 쓰고, 연도는 서기 연호를 사용한다. 날짜를 표기할 때는 '연, 월, 일'의 글자는 생략하고 그 자리에 온점을 찍어 표시한다. 시간 표시도 24시 기준으로 시, 분의 글자는 생략하고 그 사이에 쌍점(:)을 찍어 구분한다.

- [예시] 2004. 8. 15(보고서에는 통상 약식으로 '04. 8. 15.로 표기)
- [예시] 오후 3시 20분 ⇒ 15:20

사례 1-12 중간 참고내용 사례

1. 자영업자의 개념

① 통계청, **"경제활동인구조사"** 에 의한 정의(<u>취업자 중심</u>)

○ 통상적으로 「自營業者」라 함은 단독 또는 무급가족 종사자와 함께 사업체를 운영하는 **자영자**와 임금근로자를 고용하여 사업체를 운영하는 고용주를 의미

- 업종·종사자 규모·사업자 등록 여부와 무관하게 **취업자의 형태에 따라 구분**

※ 자영업자를 비임금근로자로 보는 경우도 있음(비임금근로자 = 자영자 + 고용주 + 무급가족 종사자)

- 자영자: 유급 종업원 없이 자기 혼자 기업을 경영하는 자
- 고용주: 유급 종업원을 한 사람 이상 두고 기업을 경영하는 자
- 무급가족 종사자: 자영업주 가족으로 임금을 받지 않고 주당 18시간 이상 도와준 자

○ 농부, 어부, 노점상 등이 모두 포함되며, 국제 간 통계 비교 시 활용

출처: 대통령비서실(「2006년도 자영업 현황분석」 보고서)

05 글자체와 크기

글자체는 일반적으로 휴먼명조를 사용하고, 제목이나 중간목차 등은 헤드라인M을 사용해 강조한다. 본문 중간에 참고내용을 넣거나 구체적인 수치 등을 표시할 때는 중고딕을 써서 본문과 구분하여 설명하는 것도 좋다. 글자 크기에서 문서 제목은 22포인트, 본문은 15

포인트를 기본으로 하되, 필요에 따라 글자를 달리할 수 있다. 중간 참고내용은 '※' 표시를 한 다음에 13포인트를 써서 설명할 것을 권장한다.

06 간격과 강조

문장에서 줄 간격은 130%를 기준으로 하고 필요할 때마다 조정한다. 대신에 문단 간격은 임의로 설정하여 보고서 한 장에 들어갈 수 있게 내용을 적절히 조정할 수 있도록 한다.

한편 본문에서 핵심 단어나 중요한 내용 등은 필요할 때 볼드체로 진하게 표시하거나 색상을 다르게 하여 강조할 수 있다. 그러나 명사名詞 위주의 핵심 키워드만 볼드체로 표시하고 동사나 한자체 등에는 사용하지 않는 것이 좋다. 또한 온라인으로 보고할 때 전체적인 조화를 깰 수 있는 강렬한 원색 사용은 지양할 필요가 있다.

07 항목 표시

항목 표시법에 대한 통일된 원칙은 없지만 보고서 문단은 번호 항목과 특수기호를 사용하여 구분한다. 물론 보고서에 하나의 항목만 있으면 항목 구분을 생략한다. 보고서 내용이 길지 않은 경우에는 일반적으로 번호 항목보다는 □ o - · 등 특수기호를 사용한다.

그러나 다양한 항목 구분이 필요한 긴 보고서일 경우에는 다음과 같은 번호 항목 구분을 사용하길 권장한다. 사무관리 규정에는 1. 1)

| 참고 1-4 | 항목부호 체계 |

구 분	항 목 부 호
첫째 항목	I. II. III. IV. ···
둘째 항목	1. 2. 3. 4. ···
셋째 항목	1) 2) 3) 4) ···
넷째 항목	(1) (2) (3) (4) ···
다섯째 항목	① ② ③ ④ ···

가. 가)··· 항목 체계를 제시하고 있지만 가. 나. 다. 체계는 본문의 글자와 구분되지 않는다는 점을 감안하여 〈참고 1-4〉와 같이 사용하기를 권장한다.

08 항목부호의 위치

항목부호나 번호의 표시는 일반적으로 상위 항목부호보다 하위 항목부호를 한 칸씩 오른쪽으로 위치시킨다. 즉 첫째 항목부호는 문단의 맨 앞 왼쪽에 위치시키고 다음 항목부호는 앞 항목부호의 한 칸 오른쪽에 위치시킨다.

항목부호와 그 항목의 내용 사이에는 한 칸을 띄어 시작하는 것이 좋다. 〈참고 1-5〉에서 'ⅴ' 표시는 하위 항목으로 갈수록 한 칸씩 띄운다는 것을 보여주기 위해 표시한 기호다.

> **참고 1-5** 항목부호 위치
>
> 제 목v문서 작성 요령
>
>   I.v첫째 항목 ○○○○○○○○○○
>
>   v1.v둘째 항목 ○○○○○○○○○○
>
>   vv1)v셋째 항목 ○○○○○○○○○○
>
>   vvv(1)v넷째 항목 ○○○○○○○○○○
>
>   vvvv①v다섯째 항목 ○○○○○○○○○○

09 표 그리기

표 안의 글자체는 원칙적으로 휴먼명조를 사용하지만 필요에 따라 다른 글자체를 사용할 수도 있다. 글자 크기는 14포인트 정도로 본문 글씨보다 조금 작게 하는 것이 좋다. 셀의 여백은 왼쪽과 오른쪽 3포인트 정도 띄어야 보기 좋은데 다르게 선택해도 무방하다. 셀의 위와 아래 여백은 상황에 맞춰 적절하게 설정한다.

Chapter 5
칭찬받는 보고서 작성법

앞서 소개한 보고서 작성의 오류를 범하지 않으면서 표준 작성 절차와 표준서식에 의거한 보고서를 만들어보자.

훌륭한 보고서를 작성하기 위해서는 "어떻게 써야 수요자의 입장에서 만족스러울 것인가" 하는 것을 염두에 두어야 한다. 보고서는 일종의 의사소통 수단이므로, 보고하는 사람과 보고받는 사람 간에 뜻이 잘 통하는 것이 가장 중요하다. 따라서 수요자의 취향이나 강조하는 바에 따라 '훌륭한 보고서'의 요건이 달라진다. 또한 보고서의 유형이나 주제에 따라서 '훌륭한 보고서'의 요건도 달라진다.

그러나 수많은 사례를 통해 '훌륭한 보고서'의 일반적인 요건을 찾아내는 것이 불가능하지 않다. 직장에서 칭찬받는 보고서들의 공통점을 살펴보면 다음 6가지 질문을 만족시키는 것이었다.

하나, 보고 목적에 적합한가?

둘, 보고 내용이 정확한가?

셋, 보고서를 간결하게 정리했는가?

넷, 보고서를 이해하기 쉽게 썼는가?

다섯, 완결성을 갖췄는가?

여섯, 적절한 시점에 보고했는가?

보고 목적에 적합한가

'훌륭한 보고서'는 보고하려는 목적이 무엇인지가 분명하게 드러나야 한다. 보고서의 전체 내용도 보고 목적과 취지에 잘 부합해야 한다. 이렇게 하려면 보고서에서 다루려고 하는 이슈와 주제가 수요자에게 충분히 가치 있는 내용인지를 우선 검토해야 한다.

수요자가 보고서를 읽고 나서 "왜 이런 보고를 한 것일까" "이 보고서의 목적은 무엇인가"라는 의문이 들게 해선 안 된다. 보고받는 사람이 보고하는 사람의 보고 목적과 주제를 공감하고 가치 있는 보고서라고 인정하도록 만들어야 한다. 이를 위해서는 보고서를 구체적으로 써내려가기 전에 보고 목적과 주제에 대해 사전에 충분히 고민하고 토의를 거치는 것이 바람직하다.

보고내용이 정확한가

'훌륭한 보고서'란 신뢰할 수 있는 보고서로, 정확한 내용을 담고 있어 저절로 믿음이 간다. 이런 보고서를 작성하기 위해서는 작성자의 이해관계와 선입견을 배제하고 객관적·중립적 입장에서 모든 관련 사항을 확인하고 또 확인해야 한다. 원칙적으로 수요자의 정확한 판단에 도움이 되는 것을 취하고, 애매하거나 혼란을 줄 우려가 있으면 확실해질 때까지 배제한다. 특정 부서의 의견만 반영하지 말고 관련된 이해당사자들의 의견을 균형 있게 담아내야 한다.

그러나 현실적으로 어떤 자료나 정보는 어느 정도 부정확하고 모호할 수 있다. 이를 얼마나 파헤치고 분석해서 정확하고 명확하게 만들 것인가가 관건일 것이다. 그래도 어쩔 수 없는 부분이 있다면 이때는 얼마나 사실대로 기술하느냐가 중요하다.

최대한 확인하고 또 확인해서 정확한 내용을 담아 보고해야 훌륭한 보고서라고 할 수 있다. 불분명한 내용을 정확한 것처럼 포장하거나 심지어 거짓되게 작성한 보고서는 수요자의 판단을 흐리게 만들고 결국 작성자도 이에 상응하는 책임을 져야 하므로 유의한다.

보고서를 간결하게 정리했는가

보고하려는 내용과 취지가 간단·명료하게 드러난 보고서가 훌륭한 보고서다. 이런 보고서를 작성하기 위해서는 내용이나 구성이 산만

하지 않도록 신경써야 한다. 보고서에 너무 많은 내용을 담으려고 욕심을 부려서는 안 된다. 불필요한 미사여구나 수식어 사용은 피해야 한다. 연구논문처럼 장황하게 서술해서도 안 된다. '극히' '매우' 같은 부사의 남용을 자제하고 과장된 표현을 피한다.

그렇다고 단어를 지나치게 압축해서 사용하면 본래의 뜻이 왜곡될 수도 있다. 조사를 너무 많이 생략해서 시제나 주어를 헷갈리게 해서도 안 된다. 그래서 바람직한 보고서 문체로 '서술형 개조식'을 권장하는 것이다. 이는 서술식으로 조사나 부사를 충분히 사용하되 '~하였음' 형태로 문장을 끝맺음하는 것을 말한다.

짧고 간략하면서도 보고하는 사람이 하고 싶은 얘기나 목적을 충실히 담은 보고서가 훌륭한 보고서다.

보고서를 이해하기 쉽게 썼는가

- 전문용어나 어려운 한자, 불필요한 외래어 사용 지양
- 논리적으로 비약하지 않고 단계적·체계적으로 전개
- 필요한 예시나 사례를 제시하고, 그래프나 그림으로 도식화
- 내용을 상세하게 포괄하는 소제목 부여

가장 훌륭한 보고서는 추가 설명을 따로 하지 않아도 이해할 수 있게 작성된 것이다. 즉 수요자의 눈높이에 맞춰 작성된 보고서라고 할 수 있다. 보고서를 읽는 사람이 작성한 사람보다 해당 사안에 대

해 더 정통하기는 힘들다. 보고서 작성자는 보고서를 작성하는 과정에서 많은 고민과 다각적인 검토를 하게 되므로 보고 사안에 대해 정통하게 마련이다. 반면에 보고받는 사람은 보고서를 읽고 나서 서로 상반된 가치를 다각도로 고려해 결정을 내려야 하는 경우가 대부분이다. 보고서를 읽는 사람은 어느 한 부서나 특정 분야의 전문가 출신일 수는 있지만, 그 자리에 있을 정도면 이미 관리자다. 보고서는 이런 관리자가 읽고 나서 어떤 판단을 내릴 때 도움이 되는 것이어야 한다.

전문용어나 어려운 한자, 불필요한 외래어 등을 지양하고 꼭 필요할 때는 괄호로 설명을 덧붙이는 것이 좋다. 그러면서도 보고 주제를 충분히 전달할 수 있도록 의미 있는 내용을 포함해야 한다. 보고서 중간에 적절히 예시나 사례를 제시하는 것이 보고서를 생명력 있게 하고, 그래프나 그림은 보고서를 다채롭고 풍성하게 한다.

본문의 소제목을 달 때는 본문의 내용을 대표할 수 있느냐 하는 것이 중요하다. 소제목을 '현 실태 분석'이라고 하지 말고 '청년실업 현 실태 분석 결과, 고학력-고실업 확인'과 같이 본문의 내용을 축약한다. 이처럼 소제목을 뽑는 이유는 보고서 수요자가 제목만 보고 세부 내용을 읽어야 할지 결정할 수 있도록 하기 위해서다. 단순하지만 보고서 작성자들이 쉽게 고치지 못하는 습관 중 하나가 보고서 소제목을 자기 위주로 뽑는 것이다.

보고서를 써본 사람이라면 누구나 공감하는 이야기이지만, 보고서를 어렵게 쓰는 것은 쉽고, 쉽게 쓰는 것이 오히려 어렵다. 보고서를 쉽게 쓰려면 보고서 작성자가 보고내용을 충분히 이해하고 '소화'하고 있어야 한다. 보고하는 사람이 이해하지 못한 내용은 보고받는 사람도 이해할 수 없는 법이다.

완결성을 갖췄는가

완결성을 갖춘 보고서란 그 보고서 자체만으로 더 이상 추가적인 보고 없이 의사결정을 할 수 있을 정도로 완성도가 높은 보고서를 말한다. 따라서 이를 체크할 수 있는 방법으로 보고서를 작성한 후 최종보고 전에 보고받는 사람의 입장에 서서 의문사항을 체크해 보고, 보고서가 이에 대한 해답을 제시하고 있는지 점검하는 것이다. 동원 가능한 모든 지식과 경험, 다양한 의견을 용광로처럼 녹여내야만 완벽에 가까운 보고서가 탄생한다.

적절한 시점에 보고했는가

아무리 가치 있는 정보와 좋은 내용이라도 때를 놓치면 훌륭한 보고서라고 할 수 없다. 수요자가 가장 필요로 하는 시점에 보고가 이루어져야 하는 것이다. 시급하지도 않은 사안을 너무 일찍 보고하는 것도 좋지 않지만, 그렇다고 시기를 놓쳐 뒤늦게 보고하는 것은 더욱 좋지 않다.

사안의 성격이나 수요자의 요구와 상황 등을 고려하여 '최적의 시점'을 선택해야 한다. 대개 구두로 간략히 보고하고 나서 수요자의 반응을 감안하여 최적의 보고 시기를 선택한다. 다만 행사계획과 같은 보고서는 행사 전날에 하는 것이 가장 좋다. 내용이 많고 참고자료로 올리는 보고서라면 필요한 시점보다 여유롭게 시간을 두고 올려도 무방하다. 부득이하게 너무 일찍 보고서를 올렸다면 내용을 추가로 보완해 주의를 환기하는 보고를 하는 것이 좋다.

Chapter 6 보고서 작성을 위한 팁

- 긴 보고서는 따로 요약하라
- 본문은 짧게 하고 참고사항은 첨부로 돌려라
- 하이퍼링크를 활용하라
- 그래프, 사진, 표 등 시각자료를 적절히 활용하라

이 장에서는 추가로 훌륭한 보고서를 작성하는 데 도움이 되는 몇 가지 팁을 소개한다.

 신문을 읽을 때 작은 기사부터 읽는 사람은 드물다. 대부분 헤드라인과 사진으로 어떤 내용이 실렸는지 살펴보고 나서 구체적으로 관심이 가는 기사를 읽는다. 보고서 수요자도 이와 비슷하다. 보고서를 받아서 첫줄부터 읽기 시작하는 것이 아니라 대충 훑어보고 나서 무슨 주제인지, 양은 얼마나 되는지 등을 먼저 판단한다. 그리고 주어진 시간 내에 읽을 만한 가치가 충분하다고 판단됐을 때 자세히 읽게 된다. 그래서 수요자가 읽어보고 싶다는 마음이 들고 읽기에 편하도록 작성하고 보고하는 것이 무엇보다 중요하다.

유감스럽게도 대부분의 보고서는 재미없는 내용에다 구성마저 딱딱하다. 부득이하게 그림과 표 없이 글만으로 설명해야 하는 경우가 있긴 하다. 하지만 수요자가 필요한 부분을 쉽게 찾아내고 읽기 편하도록 세심하게 배려한다면 훨씬 좋은 보고서가 될 것이다. 똑같은 보고내용이지만 어떻게 하면 수요자에게 효율적으로 전달되도록 할 것인지, 쉽게 활용할 수 있는 몇 가지 유용한 방법과 기능을 소개한다.

긴 보고서는 따로 요약하라

보고서는 간결하게 핵심 위주로 작성해야 한다. 하지만 사안에 따라서는 자세한 설명이 필요한 경우가 있다. 즉 수요자가 나중에 활용할 수 있도록 구체적으로 보고해야 하는 경우도 있다. 그때는 요약보고서를 별도로 작성하고 상세보고서를 첨부하면 두 가지 목표를 동시에 달성할 수 있다.

딱히 정해진 기준은 없지만 경험상 5대 1 정도의 비율로 요약하는 것이 적절하다. 10장짜리 보고서라면 2장 정도로 요약하는 것이 좋다. 책자나 논문, 수십 쪽 되는 연구 성격의 정책보고서는 요약보고서가 2~4쪽 정도로 길어질 수 있다. 어떤 경우라도 요약보고서는 5장을 넘지 않도록 해야 한다. 요약보고서의 요약을 만들 수는 없지 않겠는가?

 핵심 내용을 간결하게 정리하는 것이 목적인 요약보고서는 보고 취지와 결론이 가장 중요하다. 무슨 이유로 이 보고를 하는 것이고 결론을 이렇게 내렸으니 보고서 수요자가 어떤 방향으로 조치를 취해 주면 좋겠다는 내용이 반드시 들어가야 한다. 그 외에 결론을 도출하기까지의 과정이나 논거, 참고내용 등은 본 보고서를 참조하도록 하면 된다. 그리고 본문의 내용을 그대로 반복해서도 안 되지만 본문에 없는 내용을 넣는 일이 없도록 주의해야 한다.

본문은 짧게 하고 참고사항은 첨부로 돌려라

『리더스다이제스트』는 시간에 쫓겨 정신적 여유가 없는 현대인의 특징을 잘 간파한 소책자다. 기사는 2장을 넘어가지 않으며 복잡하고 어려운 얘기는 거의 없다. 제목만 보고도 기사내용을 어느 정도 짐작할 수 있다. 보고서에도 이 같은 원리를 적용해 보라. 전체를 읽어야만 이해할 수 있는 보고서보다 핵심만 취하고 나머지는 필요할 때 읽도록 구성된 보고서가 수요자에게 환영받는다.

 이렇게 하기 위해서는 본문을 '요약보고서'처럼 간단명료하게 작성해야 한다. 짧은 시간 안에 수요자에게 전달할 핵심 사항 위주로 담는다. 이렇게 노력했는데도 본문이 길어지는 것은 어쩔 수 없지

사례 1-13 요약보고서와 본 보고서의 서두

[요약보고서]

('06. 1. 10. 국민경제자문회의 경제보고서, 국민경제비서관)

동반성장을 위한 새로운 비전과 전략 (요약)
- 양질의 일자리 창출을 위한 패러다임 전환 -

1. 동반성장을 위한 정책 기조 전환

<문제의 진단>

☐ 최근 들어 **세계화, 지식기반경제로의 전환, 중국 경제의 부상** 등 대외환경이 급변함에 따라 국가 간, 기업 간 경쟁이 한층 격화

☐ 이러한 가운데 1990년대 중반 이후 요소투입 위주의 양적 성장이라는 한국형 발전모델이 한계를 드러내면서 **성장세가 둔화**

o 또한 급변하는 외부환경에 중소기업 등 대내지향적 경제주체들이 효과적으로 적응하지 못하면서 **경제의 양극화 현상이 심화**

<정책 패러다임 전환의 방향>

(정책 전환의 필요성)

☐ 우리 경제의 성장잠재력 저하라는 구조적 문제에다 세계화 등 대외요인이 가세하면서 **'성장→분배개선'의 연결고리가 약화**

o 더욱이 우리 경제가 대기업 중심의 IT산업 위주로 성장하면서 수출이 내수를 자극하고 산출이 고용을 창출하는 경제의 선순환 구조가 약화

⇒ 따라서 적정 성장을 달성하면서 분배를 개선해 나가기 위해서는 기존 **경제시스템과 정책패러다임의 획기적 전환**이 필요

(중략)

[본 보고서]

(중략)

제 I 부 동반성장을 위한 정책 기조 전환

제1장 문제의 진단

1. 대외환경 변화

가. 세계화의 진전

'세계화'란 재화, 용역 등 생산품은 물론 자본, 노동 등 생산요소의 국가 간 이동을 제한하는 인위적 장벽이 제거되면서 개별 국가경제가 하나의 세계시장으로 통합되는 과정을 의미한다. 세계화는 정보통신기술의 발달과 무역자유화의 진전 등으로 상품시장의 통합을 더욱 심화시켰으며 국제자본이동 또한 급속히 증대시키고 있다. 다만 노동시장은 상대적으로 더디게 통합되고 있다.

세계화로 인해 각종 생산요소, 즉 자본, 기술, 시설 등의 국가간 이동이 자유로워짐에 따라 경제적 측면에서는 국경의 개념이 점차 사라지고 있는 상황에서 한 나라의 가장 중요한 자산은 국경 안에 살고 있는 '국민'이 보유하고 있는 지식과 기술 등 지적능력이다. 또한 세계화시대에 국가간 경쟁에서 살아남기 위해서는 경제활동의 표준이 되는 글로벌스탠더드를 갖추어 나가는 것도 대단히 중요하다. 우리 경제는 외환위기 이후 국내 자본시장을 완전 개방하고 각종 제도를 국제기준에 부합하는 방향으로 개정함으로써 세계화가 급진전하게 되었다.

이 같은 세계화의 진전은 우리나라 기업들이 국내외로부터의 무한경쟁에 직면하게 되었음을 의미한다. 이에 따라 승자와 패자가 공존하던 과거와는 달리 경쟁에 이기지 못하면 살아남지 못하는 승자독식의 시대가 되었으며 이제 우리 기업은 세계적 경쟁력을 갖추지 못하면 후발개도국에게도 추월당하는 상시적 경쟁낙오 위험에 노출되어 있다.

(후략)

출처: 대통령과 함께 읽는 보고서(「동반성장을 위한 새로운 비전과 전략」 보고서), 청와대 브리핑

만, 첨부에 담아야 할 잡다한 내용까지 본문에 담지 않도록 신경쓴다. 보충설명이 필요하거나 내용이 긴 것은 첨부로 돌려야 한다. 이때 첨부의 수나 양은 많아도 상관없다. 내용이 너무 길거나 불필요한 첨부라면 수요자가 판단해서 안 보면 그만이다.

다만, 전자문서로 보고할 때는 첨부할 내용이 짧거나 중요할 경우 별도의 첨부파일로 만들지 말고 본문의 끝에 붙여 한 문서로 처리해야 문서를 여러 번 여는 번거로움을 피할 수 있다.

하이퍼링크를 활용하라

전자문서에서 본문과 본문 끝의 첨부자료를 연결할 때 유용하게 사용되는 기능이 바로 하이퍼링크다. 본문에는 참고자료의 제목을 나열하고 나서 하이퍼링크 기능으로 연결해 놓으면 본문과 참고자료를 손쉽게 왔다갔다하면서 읽을 수 있다는 장점을 가졌다. 특히 해외순방보고서와 같이 자료가 많을 경우에 이것은 아주 유용한 기능이다.

하이퍼링크를 설정하는 방법에는 '하이퍼링크'를 바로 이용하는 방법과 '책갈피' 기능을 이용하는 방법이 있다. 상세한 활용 방법은 〈참고 1-6〉을 참고하기 바란다.

참고 1-6 하이퍼링크와 책갈피 기능의 활용

구분	하이퍼링크	책갈피
정의	현재 문서의 특정한 위치에 다른 문서, 웹 페이지, 전자우편주소 등을 연결하여 쉽게 이동할 수 있도록 하는 기능	문서를 편집하는 도중에 본문의 여러 곳에 표시를 해두어 현재 커서의 위치에 상관없이 표시해 둔 곳으로 커서를 곧바로 이동시키는 기능
사용 방법	① 연결할 부분에 블록 설정한다 ② [입력]-[하이퍼링크]를 실행한다 ③ 연결대상을 선택한다 ④ 연결문서를 여는 방법을 '새창으로' 로 선택한다 ⑤ [넣기] 버튼을 누른다	① 이동할 특정 부분 맨 앞에 마우스 커서를 위치시킨다 ② [입력]→[책갈피]를 실행한다 ③ 책갈피의 이름을 입력하고 [넣기]를 누른다 ④ 현재 문서에서 책갈피를 연결시킬 부분 블록을 설정한다 ⑤ [입력]-[하이퍼링크]를 실행한다 ⑥ 연결대상을 지정한 책갈피 이름으로 선택해 준다 ⑦ [넣기] 버튼을 누른다
사용예	네이버 인터넷 화면 열기(클릭) 네이버 인터넷 화면이 새창으로 열림	책갈피 정의 보기(클릭) 현재 문서에서 책갈피의 정의 부분으로 마우스 커서 이동

사례 1-14 하이퍼링크로 정리한 보고서

('06. 8. 16. 수, 혁신사례 발굴자료, 혁신관리비서관실)

(전략)

〈개별 과정 구성(약 1시간 소요)〉

구 분	내 용	비 고
사례보기	· 사례를 지방교육청 공무원이 직접 소개 [그림 1]	· 스틸컷
학습개요	· 학습 개요 및 목표 소개 [그림 2]	· 플래시애니메이션
학습내용	· 각 공통혁신과제 본문 내용 학습 [그림 3]	· 플래시애니메이션
인 터 뷰	· 선도 교육청의 추진상황 및 향후계획 설명 [그림 4]	· 동영상
퀴즈풀기	· 배운 내용에 대한 간단한 이해 측정 퀴즈	· 플래시애니메이션
정리하기	· 학습내용 정리	· 화면(프린트가능)

○ 개발 방법 : 교육부가 교육 과정을 기획하고 콘텐츠를 지원, 이를 온라인시스템에 구현하는 것은 민간업체에 의뢰

※ 참고1 : e-러닝 화면 예시

※ 교육 과정 중 민원·제도개선 사례(5분 분량, 클릭하면 해당 사이트로 이동)

2. 학습 결과 및 향후 계획

☐ 학습 결과

○ 지방교육청 공무원들의 공통혁신과제에 대한 이해도를 크게 높임
  - 기존에는 산발적으로 흩어져 있는 자료를 찾아 습득해야 했으나 혁신 관련 내용들을 **일괄적으로 학습 가능**
    · 교육이 완료된 지금도 사이트에 접속하면 교육내용 복습 가능
  - 애니메이션 등 **다양한 방법을 통한 사례 중심의 교육**으로 공통 혁신과제에 대해 쉽게 이해 가능
  - 학습 과정에 대한 **만족도가 평균 4.1점(5점 만점)**으로 높은 편임

○ 적은 예산으로 지역적으로 광범위한 많은 인원수를 효과적으로 교육
  - **1인당 교육경비가 4천원 정도**로 예산 대비 교육효과가 높음(집합교육시 1인당 10만 원 이상 소요)
  - 동일한 콘텐츠의 교육을 **짧은 시간 내(1명이 2주 소요)**에 전달

(중략)

('06. 8. 16. 수, 혁신사례 발굴자료, 혁신관리비서관실)

※ 참고1 : e-러닝 화면 예시

[그림 1] 과제별 사례 화면 (◉본문으로 돌아가기)

[그림 2] 학습 개요 화면 (◉본문으로 돌아가기)

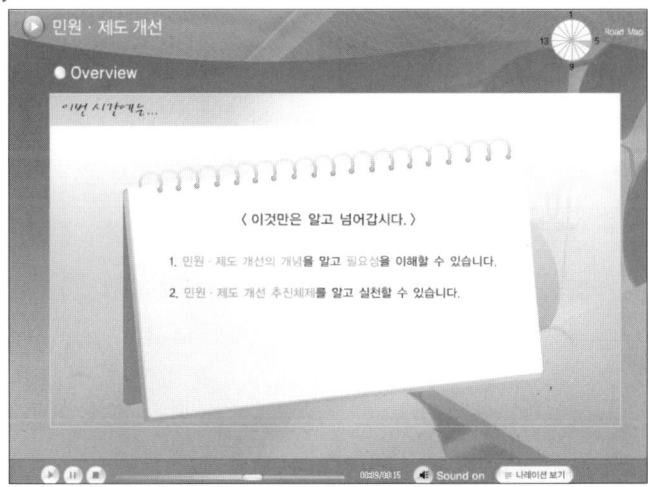

(후략)

출처: 대통령비서실(「정부혁신 온라인교육 사례」 보고서)

그래프, 사진, 표 등 시각자료를 적절히 활용하라

"신문 기사는 '사실'을 전달하지만 신문 사진은 '충격'을 전달한다"라는 말이 있다. 소속 팀이 퓰리처상을 수상한 바 있는 AP통신의 강형원 기자의 말이다. 시각자료를 활용하면 현장감 있게 정보를 압축적으로 전달할 수 있다. 또한 말로 설명하기 어렵거나 복잡한 사안을 단순하면서도 명료하게 전달할 수 있다. 예를 들어 연도별 근로자 임금수준 변화를 그래프로 표시한다면 어떤 복잡한 설명보다 효율적으로 메시지를 전달할 수 있다.

그래프 외에도 지도, 흐름도flow chart, 사진, 표 등 시각적 표현 방법은 다양하다. 통상 준비하는 데 시간이 많이 걸리긴 하지만 그 효과는 크다.

- 그래프 : 복잡한 데이터의 추세를 한눈에 볼 수 있어 좋다.
- 지도 : 복합적이고 입체적인 정보를 표시하는 데 편리하다.
- 흐름도(flow chart) : 사건의 전개 상황이나 정보의 시간적 흐름을 표시하는 데 적합하다.
- 사진 : 무엇보다 생생하게 현장을 전달할 수 있다.
- 표 : 데이터나 의견을 논리적으로 비교하는 데 편리하다.

사례 1-15 보고서에 활용된 표와 그래프

가계소득 항목별 추이와 전망

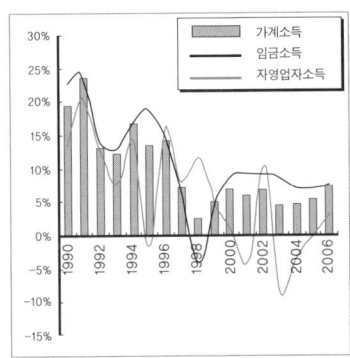

비정규직 근로자 추이

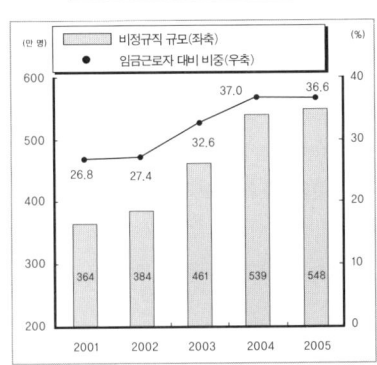

비밀기록관리 프로세스

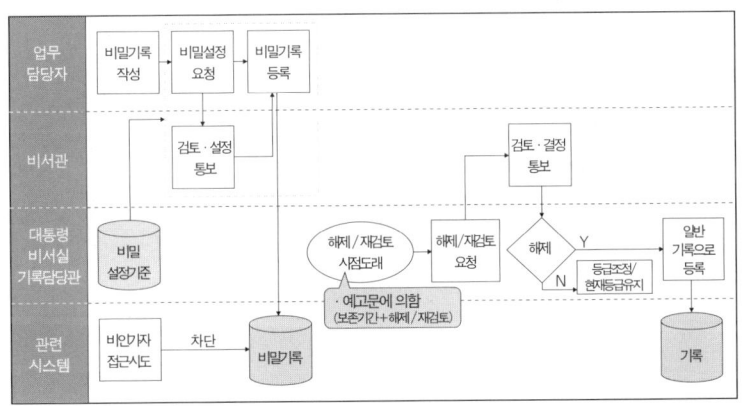

출처: 대통령비서실(「외환위기 이후 소비변동성 확대 원인분석」, 「대통령비서실 기록관리시스템 기본구상」 보고서)

보고서 작성 A부터 Z까지

A. **이슈를 정확히 추출하라**
   자료수집과 조사를 통하여 취합된 사실과 정보 등을 바탕으로 핵심 이슈를 정확하게 구체화한다.

B. **전하고자 하는 메시지를 분명히 하라**
   확인된 이슈에 대하여 내가 전하고자 하는 메시지가 무엇인지 분명히 한다.

C. **지금 쓰고 있는 글의 고객(독자)이 누구인지 잘 생각하라**
   최종독자가 누구인가에 따라 글의 내용, 문체, 구체성의 정도, 분량 등이 달라진다.

D. **준비 과정이 끝났으면 주저없이 쓰기 시작하라**
   1차 초안부터 완벽한 보고서를 쓰려고 하지 마라.

E. **1차 초안에 있는 내용을 도려내는 것을 두려워하지 마라**
   1차 초안의 의미는 머릿속에 있는 생각을 한데 모아놓는 데 있다.

F. **재작성은 글쓰기에서 가장 중요한 과정이다**
   수차례 재작성 과정을 통하여 불분명했던 개념, 메시지 등이 분명해진다.

G. **처음에 생각했던 결론을 바꾸는 것을 두려워하지 마라**

H. **보고서의 최종검토 단계에서는 필자(writer)의 입장에서 독자(reader)의 입장으로 전환하라**

I. **당신의 독자는 바쁘고, 성질이 급하고, (당신의 결론에) 회의적이며, 꼼꼼한 사람이다**

J. **독자의 입장에서 다음 7가지 사항을 재점검하라**
   ① 당신이 쓴 글을 독자가 두 번 읽지 않아도 이해할 수 있겠는가? ② 당신의 주장에 독자가 동의할 것 같은가(설득력이 있는가)? ③ 결론이 분명하게 제시되어 있는가? ④ 문단의 선후관계 등 구성에 짜임새가 있는가? ⑤ 통계수치 등이 정확한가? ⑥ 각종 오탈자, 맞춤법, 구두점 등을 확인해 보았는가? ⑦ 보고서의 모양이 깔끔하게 정리되었는가?

K. **한 문장에 두 개의 메시지를 담지 마라**

L. **한 문장이 절대 3줄을 넘지 않도록 하라**
   다만, 심사보고서나 의결서 등 법률문서는 불가피한 경우에 한해 4줄까지 갈 수도 있는데 가급적 3줄 이내로 단축한다.

INT 2

M. 고등학생이 알아볼 수 있도록 써라
전문용어, 약어 등은 주(註)를 달고 가급적 한자말보다는 우리말 등 쉬운 용어를 쓴다.

N. 정확한 용어를 사용하라
단어 하나하나에 당신의 혼을 담아라.

O. 중요하지 않은 수식어(구·절)는 과감히 없애라

P. 주어, 동사, 목적어를 명확히 하라

Q. 가급적 피동형보다는 능동형을 사용하라

R. 보기좋은 떡이 먹기에도 좋다
형식이 내용을 지배한다.

S. 표, 그래프, 그림, 문장부호를 적절히 활용하라

T. 문서에 날짜와 페이지를 반드시 표기하라
분량이 많은 보고서에는 목차를 넣어야 한다.

U. 독자(의사결정권자)의 입장에서 작성하라
의사결정권자의 입장에서 알아야 할 사항을 중심으로 작성한다.

V. 보고서 서두에 어떤 이유, 어떤 맥락에서 이 보고서를 작성했는지 밝혀라

W. 어떤 주장을 할 경우 반드시 구체적 이유·관련 이론·통계·판례 등을 들어 당신의 주장이 옳다는 것을 입증하라
객관적 근거 없이 주장만 하는 것은 설득력이 없다.

X. 다양한 관점을 반영하여 분석적·종합적으로 작성하라
자기 부서나 기관의 입장에서만 보지 말고, 다른 이해관계자의 시각을 종합적으로 검토·반영해야 설득력이 있다.

Y. 의미 있는 대안을 모두 제시하고 각 대안의 장·단점, 기대효과, 문제점을 철저히 분석·토론하라

Z. 당신이 건의하는 결론을 분명하게 명시하라
특정 대안을 선택하기 어려우면 조건부로 제시한다.

출처: 공정거래위원회 한철수 경쟁정책본부장 작성자료

PART 2 | 보고서 작성 전문 코스

1부에서는 일반적인 보고서 작성에 대한 현실,

잘못된 사례와 잘된 사례,

일반적인 보고서 작성 절차와 보고요령 등에 대해 살펴보았다.

보고서 작성에 필요한 기초지식과 착안점에 대해서는

이미 충분히 설명하였다.

2부에서는 보고서를 몇 가지 유형으로 분류하고,

각 보고서별로 구체적인 작성 방법에 대해 알아보도록 하겠다.

자신이 작성하려는 보고서가 어떤 유형인지를 알고

각 보고서별 작성 시 유의사항을 참고한다면

보고서 작성이 꼭 어려운 것만은 아니라는 사실을 깨닫게 된다.

목적에 맞게 골라 쓴다

보고서의
유형 구분

정부, 기업, 병원, 학교 등에서 통용되는 보고서는 저마다 다르다. 따라서 그 많은 보고서의 유형을 체계적으로 분류한다는 것은 쉬운 일이 아니며, 분야마다 분류하는 사람마다 구분하는 기준이 다를 수밖에 없다.

그렇다 보니 유형을 구분하지 않고 '단 하나의 보고서 작성 방법'을 마련한다는 것이 쉽지 않다는 데 현실적 고민이 있다. 보고서 유형별로 각기 특징이 있는 만큼 저마다 다른 작성 방법을 마련하는 것이 타당하다.

다행스러운 것은 사람들이 하는 일이 다르기만 한 것이 아니라 유사한 점, 나아가 '공통의 업무 방식' 같은 것이 있다는 사실이다. 정부에서 정책을 기획하든 기업에서 사업을 기획하든 '기획하는 방법'은 유사하다고 볼 수 있다. 어느 곳에서든 상황이 발생했을 때 '신속·정확한 상황 파악'이 요구되는 것도 마찬가지다. 수많은 회의나 행사가 열리지만 '전략적인 기획'과 '효율적인 진행'은 언제 어디서나 중요하다.

실제 업무의 진행 단계에 따라서 보고서 유형도 달라진다. 정책을 구상하는 단계에서는 외부의 사례나 연구결과를 보고하는 참고보고서가 주를 이룬다. 추진 여부를 결정하도록 하기 위해 구체적인 정책내용과 계획을 담은 기획보고서는 정책수립 단계에서 올린다. 정책이 한창 추진되는 단계에서 이슈나 문제점, 쟁점이 발생하는 경우 이를 해결하기 위해 조정보고서를 작성한다. 상황이나 정보는 정책구상, 기획, 집행 등 전 단계에 걸쳐 지속적으로 보고한다. 반면에 회의는 주로 기획·집행 단계에서 많이 하기 때문에 회의보고서도 이 단계에 집중된다. 그러나 행사보고서는 집행하는 단계에서 주로 필요하다.

이러한 점에 착안하여 정부나 기업에서 사용하는 보고서들을 작성 목적과 작성 형식, 작성 단계에 따라 분류하면 크게 정책보고서, 상황·정보보고서, 회의보고서, 행사보고서로 나눌 수 있다. 이것은 다시 〈참고 2-1〉과 같이 총 9가지로 세분화할 수 있다. 이 보고서는 정부나 기업 등 모든 업무에 적용할 수 있다. 행사보고서의 경우 대통령비서실을 중심으로 사례를 소개하고 있지만, 여기서 소개하는 보고서 작성요령은 기업이나 교육기관 등에서도 일반적으로 사용할 수 있다.

참고 2-1 보고서 유형의 분류

보고서 대(大) 분류	보고서 세부 분류(총 9가지)
정책보고서	정책기획보고서, 조정과제보고서, 정책참고보고서
상황·정보보고서	상황보고서, 정보보고서
회의보고서	회의자료보고서, 회의결과보고서
행사보고서	행사기획보고서, 행사진행(행사 개요와 말씀자료/참고자료)보고서

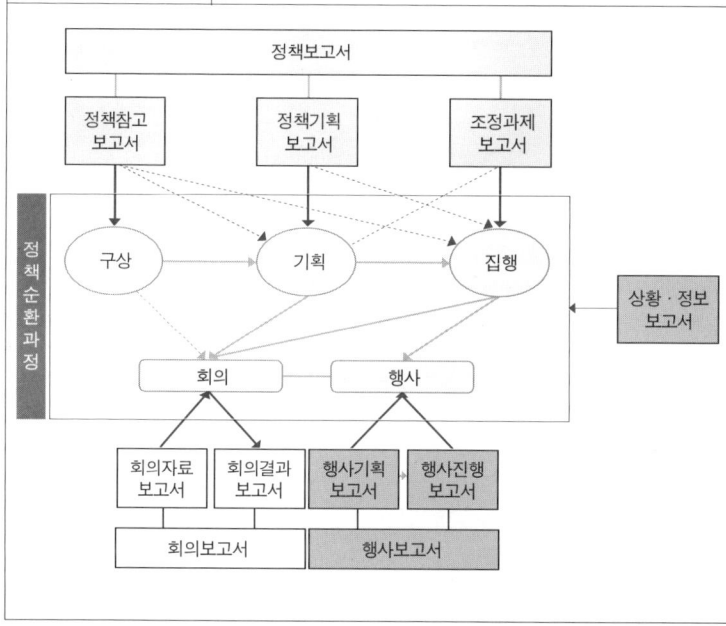

Chapter 2 정책보고서

모든 보고서의 기본이 되는 정책보고서의 작성 방법에 대해 알아보자. 정책을 기획하고 조정하거나 구상하는 일은 정부나 기업에서 가장 핵심적인 업무에 해당한다. 따라서 실제 사례를 중심으로 다른 보고서 작성 방법보다 좀 더 상세하게 설명하려고 한다.

정책보고서는 '의사결정을 위한 보고서'

정책보고서는 정부나 기업에서 구상하거나 기획 또는 추진중인 '정책과 관련된 보고서'다. 정책을 주로 다루는 정부 업무의 특성상 정부 보고서 중에서 정책보고서가 차지하는 비중이 가장 높다. 본 책에서 구분한 4가지 유형의 보고서 중에서 가장 기본이 되고 중심이 되는 보고서도 바로 정책보고서다.

정책보고서는 한마디로 '의사결정을 위한 보고서'라고 말할 수 있다. 정부나 기업이 중요한 의사결정을 하기 위해서는 '신행정수도 건설계획'이나 '와이브로기술 개발계획' 같은 보고서가 필요하다. '정책보고서'라는 개념은 '국민'을 대상으로 한 '정책'[1]을 다루는 정부기관에서 주로 사용된다. 최근 기업의 공공성이 강조되고 '고객'에 대한 '전략'을 다루는 것이 '정부정책' 수립과 비슷해지면서 기업에서도 정책보고서와 유사한 성격의 보고서를 작성하게 되었다. 기업에서 새로운 사업을 도입하기 위해 검토하는 보고서를 살펴보면 그 취지가 정책보고서와 유사하다.

1 '정책'은 사전적으로 "국가(기업)목표를 달성하기 위한 정부(기업)의 권위 있는 활동과 공식 방침"으로 설명된다.

정책보고서는 한마디로 "수요자가 정책과 관련한 상황과 문제점을 정확하게 인식하고 의사결정을 할 수 있도록 관련 사실과 대책 또는 참고사항을 제시한 보고서"라고 할 수 있다.

정책보고서는 다루는 정책 사안이 각기 다르고 부서마다 업무 특성이 있어, 세부적으로 들어가면 각기 다를 수밖에 없다. 하지만 정책보고서를 그 성격에 따라 구분해보면 대체적으로 다음 3가지 세부 유형으로 나눌 수 있다. 즉 ① 정책기획보고서, ② 조정과제보고서, ③ 정책참고보고서다.

정책기획보고서는 새로운 정책을 수립하거나 이에 준하는 수준으로 기존 정책을 변경할 경우 작성하는 보고서다. 각종 전략보고서나 신규정책보고서, 과제제안보고서가 여기에 해당된다.

사례 2-1 새로운 정책을 기획하는 보고서

소득 2만불시대 실현을 위한 新일자리창출 전략

- 사회정책수석실(노동) -

◇ **경제양극화 해소 및 소득 2만불시대 실현**을 위한 방안의 하나로 **사회서비스 부문에서의 일자리창출 전략** 모색

1. 검토 배경

□ IMF 이후 우리 사회의 경제양극화 경향에 따라 **노동시장에서의 양극화가 빠르게 진행**

ㅇ 그 결과 **계층간 임금격차가 확대**되고 **소득불평등도 심화**
※ 소득5분위별 소득점유율 중 1/5분위의 점유율(%): 8.3('97)→7.5('00)→7.4('03)
※ 지니계수(임금소득): 0.280('98)→0.301('00)→0.305('02)→0.312('03)

□ 그간 양극화 축소를 위해 사회보험 확대 등 **사회안전망 확충**과 **공공근로·사회적 일자리 제공 등 대책**을 추진하였으나,

ㅇ 선진국에 비해 현저히 **높은 자영업자 비중('03년 34.9%)**으로 노동시장 **기존 근로자 중심의 임금소득정책**으로는 한계
※ 자영업자비중(%, '02년): 일본 15.9, 호주 13.8, 독일 10.0, 영국 11.4, 미국 7.2, 대만 28.4

ㅇ 또한 사회안전망의 확충에도 불구하고 **높은 임시·일용근로자 비중과 서비스 전달체계 미비**로 실제 수혜율은 아직 저조

〈 표1: 근로자의 종사상 지위별 사회보험 적용비율 〉

(단위: 천명, 천원/월, %)

구분 ('03년)	근로자수 (비율)	월평균 임금총액	사회보험 적용비율		
			국민연금	건강보험	고용보험
전체	14.149(100%)	1,466	57.7	59.5	49.8
상용직	7.236	1,958	95.9	97.2	80.4
임시직	4.872	1,032	24.4	27.6	24.2
일용직	2.041	759	1.9	2.3	2.6

※ '03. 8월 경활부가조사 원자료 분석

□ 이에 선진국의 「**소득 1만불에서 2만불**」로의 **전환 경험**을 통해 경제양극화 해소 및 소득 2만불시대 실현을 위한 방안 모색

2. 주요 선진국과의 산업구조 비교

1) 업종별 고용비중 비교

☐ 우리나라도 여타 선진국과 같이 경제구조의 고도화에 따라 **고용비중이 제조업은 감소하고 서비스업은 증가**

☐ 그러나 우리의 경우 서비스업 중 **도소매음식숙박업 등 일반서비스의 고용은 과다**한 데 반해, **사회서비스업의 비중은 과소**
  ※ 도소매음식숙박업 비중(%) : 한국 26.4, 스웨덴 14.8, 영국 19.9, 독일 17.4, 미국 22.6
  ※ 사회서비스업 비중(%) : 한국 12.6, 스웨덴 32.5, 영국 26.9, 독일 25.0, 미국 27.7

o 특히 **사회서비스업 중에서도 보건의료복지 분야**는 여타 선진국에 비해 현격히 낮은 수준
  ※ 보건의료복지 분야 비중(%) : 한국 2.4, 스웨덴 18.7, 영국 11.5, 독일 11.1, 미국 10.1

〈 표2 : 국가 간 제조·서비스업 고용비중 비교 〉

	한국	스웨덴	덴마크	노르웨이	영국[1]	독일	덴마크	네덜란드[1]	캐나다	미국
전체(%)	100.0	100.0	100.0	100.0	100.0	100.0	100.0	100.0	100.0	100.0
제조업	19.0	16.8	16.4	12.3	14.7	22.8	16.4	13.7	15.1	10.5
도소매음식숙박업	26.4	14.8	17.2	17.9	19.9	17.4	17.2	19.9	24.0	22.6
도소매	17.5	12.1	14.7	14.9	15.6	14.0	14.7	15.9	17.5	15.1
음식숙박	8.9	2.7	2.5	3.1	4.3	3.4	2.5	3.9	6.5	7.5
사회서비스업	12.6	32.5	31.3	34.2	26.9	25.0	31.3	28.1	22.1	27.7
공공행정	3.4	5.7	5.9	6.6	6.8	8.2	5.9	7.0	5.0	15.7[2]
교육	6.7	8.2	7.7	8.2	8.5	5.6	7.7	6.5	6.6	2.0[2]
보건의료복지	2.4	18.7	17.7	19.4	11.5	11.1	17.7	14.7	10.4	10.1[2]
사업서비스업	11.2	15.4	12.3	12.0	15.5	12.6	12.3	15.9	16.0	19.7
금융	3.4	2.1	3.0	2.1	4.4	3.7	3.0	3.6	4.2	5.8
사업서비스	7.8	13.3	9.2	9.9	11.1	8.9	9.2	12.4	11.8	13.9
기타서비스업	7.3	5.3	5.4	4.2	6.3	5.8	5.4	7.0	5.1	5.2
기타사회개인서비스	6.4	5.1	5.1	4.1	5.5	5.4	5.1	4.5	4.6	5.2
가사서비스	0.9	0.1	0.1	0.1	0.5	0.4	0.1	0.1	0.5	
농림어업 및 광업	8.9	2.3	3.2	5.1	1.6	2.8	3.2	3.0	3.9	6.1
가스수도업	0.3	0.6	0.5	0.7	0.7	0.8	0.5	0.5	0.9	0.4
운수통신	6.0	6.7	7.0	6.6	7.0	5.5	7.0	5.8	7.3	3.0
건설업	8.2	5.5	6.7	7.0	7.5	7.2	6.7	6.1	5.7	4.9
기타	0.1	0.0	0.3	0.1	0.0	0.2	0.1	0.3	2.4	0.0

※ 자료 : 미국, www.bls.gov
  주1 : 영국과 네덜란드는 2002년 기준. 그 외에는 2003년 기준
  주2 : 미국의 경우, 교육이나 보건의료복지업종이 공공부문에 의해서 제공되는 경우 공공행정서비스로 분류

(후략)

출처 : 대통령과 함께 읽는 보고서(「소득 2만불시대 실현을 위한 新일자리창출 전략 보고」), 청와대 브리핑

사례 2-2 이미 추진중인 정책의 상황을 점검하는 보고서

금융허브 추진실적 점검 및 향후 추진계획

2005. 6. 3

Ⅰ. 검토 배경

□ '03.12월 대통령님 주재 국정과제회의에서 금융산업을 우리 경제의 새로운 성장동력으로 육성하기 위해 『**동북아 금융허브 추진전략**』을 **확정**

  o 2007년까지 7대 과제 실행을 통해 **금융허브 기반**을 구축하고, 2012년에 자산운용업 중심의 **"특화금융허브"** 를 완성한 후, **2020년**까지 **아시아 지역 3대 금융허브**로 발전

───《 7대 추진과제 》───

① 자산운용업 육성　　② 금융시장 선진화
③ 지역특화 금융 개발　④ Global Network 강화
⑤ 한국투자공사(KIC) 설립　⑥ 규제·감독 시스템 혁신
⑦ 경영·생활환경 개선

□ 금융허브정책을 추진해 온 지난 1년여 동안 금융산업 발전을 위한 **제도적 기틀**이 마련되고, 금융허브정책에 대한 대·내외적인 **공감대**가 확산된 반면

  o 최근 들어서는 외국자본을 비판적 시각으로 바라보는 의견도 제기되어 금융허브정책의 이해를 높이고, 외국자본에 대한 국민적인 컨센서스를 모으고 이를 확산하는 노력이 필요

□ 이에 따라 **금융허브정책을 전반적으로 점검**하고 평가하는 한편 잘된 점은 더욱 잘되도록 하고, 아쉬운 점이나 잘못된 점은 시정하는 기회를 가질 필요

  o 특히 추진 과정상에서 드러난 **문제점과 그동안의 여건변화 등을 감안하여 추진전략을 재검토하고 보완**할 필요

(후략)

출처: 대통령과 함께 읽는 보고서(「금융허브 추진실적 점검 및 향후 추진계획」), 청와대 브리핑

사례 2-3 정책과 관련한 사례를 참고자료로 보고한 보고서

경상대학교 특성화 성공사례 보고

◇ **경상대학교**(경남 진주) 식물생명과학 분야 대학원 박사 과정 이수 시 **미국 유수대학의 박사학위를 취득할 수 있는 토대 마련**
  ○ 식물생명과학 분야의 세계 정상급 대학인 미국 **퍼듀대학교 원예조경학과**와 국내 최초로 공동연구 및 **복수박사학위협정**을 **체결**할 예정 ('05. 5. 6)
  ○ 의미: 경상대학교 **대학원 과정의 프로그램 및 수준을 그대로 인정**하고 **교육 과정을 공동운영**하여 퍼듀대의 박사학위를 수여하는 것이므로 **경상대학교의 연구 및 교육수준이 미국대학 상위권 수준**으로 평가됨
◇ 경상대학교는 지방국립대학이지만 **자율적 권한을 최대한 살려** 지난 20여년간 식물생명과학 분야를 특성화하고 집중육성함으로써 **연구논문과 졸업생 수준이 높아** 연구중심대학으로의 발전에 **성공**하였다는 평가

1. 복수박사학위제 협정체결 내용

○ 경상대학교의 박사 과정을 이수하면서, 퍼듀대학교의 지도교수 실험실에서 1년 내외의 **수업과 연구**를 수행하고 논문심사를 통과할 경우 **양 대학**으로부터 **복수박사학위 취득**
  - **박사학위 심사위원 및 지도교수**를 양 대학에서 **공동**으로 구성
  - **참여교수는 상호대학의 겸임교수 임명**
  - 학점취득에 필요한 학생의 **등록금은 원 소속 대학에만 납부**
  - 박사학위 이수학점(60학점) 중 **최소한 1/3은 퍼듀대**에서 이수 필요
    ※ 협정조인식에 퍼듀대 농대학장 Randy Woodson 박사, Steve Weller 박사학위위원장 등 방한 참석
    ※ 현재 5개 대학에서 실시중인 외국대학과의 복수학위제는 학사학위이며, 외국대학의 프로그램을 국내에 설치한 후 이수하는 형태이므로 본 제도와는 차별성이 있음
  - 외국대학에서의 학점이수 시 학비 등 비용부담이 높아 진행에 어려움이 있음

2. 경상대학교 대학원의 발전과정 및 교육 및 연구 우수성

1 특성화 추진 경과

o 탁월한 연구리더가 중심이 되어 **생명과학 분야**에의 **역량집중**을 통한 **특성화 노력, 경쟁적인 국가연구개발사업 유치를 통한 정부 지원확보**

※ '83년 자체적으로 '유전공학연구소'를 설립하고, 기초연구지원사업(특성화연구소 (교육부, '85), 우수연구센터(과기부, '90), BK21 대학원육성사업('99년, 지방국립대학으로 유일), 국가핵심연구센터(과기부, '04) 등)을 유치하여 예산 확보에 성공

2 연구 성과

o 최근 5년간 **생명과학 분야 세계 Top 학술지** 등 30여 종 학술지에 **200여 편의 SCI 논문 발표**

- 특히 인용지수(impact factor)를 기준으로 최상위에 있는 『**Nature**』와 『**Cell**』지에 국내학자가 발표한 총 **18편 중 경상대에서 4편 발표**

o 경상대의 『식물분자생물학 및 유전자조작연구센터』에서 창업한 『아미코젠 (신용철 교수)』은 **스위스 노비티스사에 100억 원 기술 판매**('04)

o 기초연구를 통하여 **식물에서 치매, 암 등의 치료제와 비만, 당뇨억제단백질 등을 발견**함으로써 신약개발 가능성 제시

3 인력양성 성과

o 최근 5년간 **배출된 박사** 40여 명 중 **30여 명**이 **세계 유명 연구기관에서** 연구원으로 활동중

※ Harvard, MIT, Stanford, Yale, Columbia, UC-Berkery, NIH, Scripps, Max-Planck 연구소 등

o 경상대학교 학부출신의 대학원 토종박사가 미국 유명 대학에 조교수로 임용

※ Wisconsin대 1명, Stanford대 1명('05년 7월 예정)

4 산학협력 성과

o 산업자원부 지정 **Bio21센터** 유치 및 **15개의 Bio벤처회사** 입주

- 진주시에 바이오밸리(10만 평)와 바이오플라자 건립 추진

(후략)

출처: 대통령과 함께 읽는 보고서(『경상대학교 특성화 성공사례 보고』), 청와대 브리핑

조정과제보고서는 '정책을 추진하는 과정'에서 발생하는 갈등이나 이해관계를 조정하고 해법을 강구할 때 작성하는 보고서다. 정책기획보고서가 작성된 이후에 통상적으로 실행 단계에서 조정과제보고서가 작성된다는 측면에서 보고서를 작성하는 시점에 차이가 있다.

정책참고보고서는 수요자의 의사결정을 요구하지 않는다. 대신 수요자에게 정책과 관련된 구상, 기획, 집행 단계에서 아이디어나 문제해결의 실마리를 제공하기 위하여 참고자료로 보고하는 경우에 작성한다.

이상 정책보고서의 3가지 세부 유형을 기준으로 보고하는 사람의 판단에 따라 다소간 융통성 있게 작성할 수 있다. 대통령비서실에서 시범 적용한 결과, 정책보고서는 주로 정책기획보고서에 준하여 작성된다.

이것만은 알고 가자

- 수요자(정책결정권자)의 입장에서 알아야 할 핵심 사항 중심으로 작성하라
- 다양한 관점을 반영하여 분석적·종합적으로 작성하라
- 문제에 대한 근본적인 해결방안을 제시하라
- 수요자가 조치해야 할 일을 분명하게 기술하라

정책보고서는 공무원들 중에서도 어느 정도 실무 경험이 있지 않으면 작성하기가 쉽지 않다. 문제점을 분석하거나 대안을 제시할 때

분석적으로 접근할 수 있는 능력을 갖춰야 하기 때문이다. 정책보고서 작성 시 착안사항은 "보고받는 정책결정권자의 입장에서 다양한 관점을 반영하여 분석적·종합적으로 작성하라"로 요약할 수 있다.

01 정책결정권자의 입장에서 알아야 할 핵심 사항 중심으로 작성하라

보고하는 사람은 자신이 알고 있는 정보를 장황하게 나열하지 말고, 정책결정권자가 한 번 보고 이해할 수 있도록 보고 요지를 명확하게 작성한다. '나의 10분'이 '정책결정권자의 10분'과 같지 않다는 사실을 유념해야 한다.

02 다양한 관점을 반영하여 분석적·종합적으로 작성하라

정책보고서는 특정 이해집단이나 특정 관점이 아닌 중립적이고 공정한 입장에서 종합적이고 균형 있게 작성하는 것이 무엇보다 중요하다. 의사결정에 도움이 되도록 객관적 통계와 자료를 사용하여 분석적·종합적으로 작성한다.

03 문제에 대한 근본적 해결방안을 제시하라

정책보고서 작성은 '끊임없는 문제의식'이 전개되는 과정이다. 보고받는 사람은 작성한 사람의 이 같은 '숨은 노력'을 금방 알아챌 수 있다.

문제의 1차적 원인만 찾아서는 곤란하며, 원인의 원인을 찾아 문제 핵심을 파악하고 실효성 있는 해결방안을 제시한다. 근본적 원인을 해소하지 않으면 해당 문제는 계속 반복되고, 추진하려는 정책이 아주 쓸모 없게 된다는 점을 유념해야 한다.

04 수요자가 조치해야 할 일을 분명하게 기술하라

"그래서 내가 무엇을 해야 하는가?"라는 의문이 생기지 않도록 정책 결정권자가 조치해 주기를 바라는 사항을 명확하게 제시한다. 보고서를 작성한 사람은 결론을 내리고 건의하는 데 조금도 주저할 필요가 없다.

구체적인 작성 방법: 정책기획보고서

① 보고 개요 ② 현황과 문제점 ③ 정책수단과 대안 ④ 추진계획 ⑤ 건의와 제안

정책기획보고서의 기본 골격이 되는 것은 '② 현황과 문제점'을 분석하고 '③ 정책수단과 대안'을 제시하는 부분이다. '현황과 문제점'에서는 관련된 상황과 실태를 적시하고 문제점을 기술해야 한다. '정책수단과 대안'에서는 '현황과 문제점'에서 제시된 문제점에 대한 개선 방향, 즉 정책 방향을 제시해야 한다. 이를 기본 골격으로 하여 보고서의 앞과 뒤에 각각 전반적인 보고서의 소개(① 보고 개

요)와 향후 조치사항(④ 추진계획 ⑤ 건의와 제안)을 추가하면 보고서가 완성된다.

01 보고 개요

보고를 받다 보면 수요자는 '어떤 경위로 왜 지금 이런 보고를 하는가'라는 의문을 가질 수 있다. 이런 의문이 발생하지 않도록 하는 부분이 '보고 개요'다. 따라서 보고 개요에는 보고서의 목적과 필요성, 그리고 추진 경위 등을 담는다. 실제로 보고서를 작성할 때 '보고 개요'라고 제목을 붙일 수도 있지만, '비전 2030 기획 배경'과 같이 특정特定하기도 한다. 보고의 주요 내용인 '현황과 문제점' '정책수단과 대안'에 집중하다 보면 보고 개요가 극히 형식적이거나 성의 없어 보이는 경우가 종종 있다. 보고 개요에 전체 보고서의 내용을 담을 수 있도록 생동감 있게 써야 한다.

보고의 목적과 필요성

왜 보고를 하는지 분명히 알 수 있도록 해야 한다. '보고 개요'에는 우선 수요자가 가장 궁금해하는 보고의 목적이나 필요성이 무엇인지를 서술한다.

- 지금 이 시점에 검토할 필요가 있는가?
- 상위 목적과 어떻게 연관되어 있는가?

첫째, 이슈의 심각성과 시급성을 고려할 때 정책으로 검토할 필요성이 있는가에 대해 설명한다. 정부가 관여할 사회문제인가, 지금 이 시점에서 필요한 정책인가 등을 판단하는 것이다.

둘째, 해당 정책이 어떤 국정운영 방향·전략과 연계되어 있으며, 이를 어떻게 실천할 것인가를 목적지향적으로 설명한다. 즉 상위 정책목표와의 연관성을 일목요연하게 설명한다. 예컨대 '과학기술부 자료관 설치검토 보고서'를 작성한다고 가정해 보자. 전체 기록물 혁신체계와 어떻게 연계되어 있으며, 기록물 관리혁신 로드맵상 어떤 의미가 있는지 등을 명시해야 한다.

경우에 따라서 보고의 '목적'과 '필요성'을 묶어 기술하기도 한다. 실제로는 서로 밀접하게 연관되어 종종 구분할 필요가 없기 때문이다. 반면에 '보고의 목적·필요성'인지 '정책의 목적·필요성'인지를 구분해야 할 때가 있다. 이는 보고서를 작성하는 사람이 판단하여 처리한다.

보고서의 작성 경위

한눈에 보이도록 소상하게 경과를 밝혀야 한다. 어떤 협의 과정과 토론을 거쳐 현재의 보고서를 만든 것인지를 기술한다.

관계부서 간의 협의 사실, 협의 시 논란이 되었던 사항과 해결 과정 등을 기술한다. 또는 보고하고자 하는 정책의 추진 경위를 기술하기도 한다.

〈사례 2-4〉를 살펴보면 보고서를 어떤 과정과 절차를 거쳐 작성하였는지를 상세히 알 수 있다. 수요자가 '작성 경위'만 읽고도 의

사례 2-4 보고서 작성 경위를 잘 기술한 사례

(전략)

□ 자금·인력·기술 세 부문에 관해서는 다른 부처에서 종합대책을 마련하여 추진중이므로, 공정위에서는 시장에서의 대·중소기업 간 불공정거래 문제에 대하여 아래 과정을 거쳐 대책을 마련

① 업계와의 의견 교환('04. 11. 26~12. 23)
- 벤처기업협회, 전문건설협회 등 5개 사업자단체와 간담회 및 개별 면담
- 무리한 납품단가 인하요구, 제품구매 시 기술자료의 요구, 하도급 공사에 있어 예상치 못한 비용부담 전가 등 문제 사례를 수집하고 대책방안 내용에 반영

② 관계부처 실무협의('05. 2. 15~2. 21)
- 재경부, 산자부, 중기청, 중기특위 등과 공정위 보고서(안)에 대해 의견을 수렴
- 대기업에 대해 부정적 이미지를 초래할 수도 있는 표현의 순화 등 내용 수정

③ 업계·전문가 등 의견 추가 수렴('05. 3. 2~3. 7)
- SK텔레콤, 하이닉스반도체, 벤처기업협회, 소보원 전문가, 하나은행 관계자 등과 의견 교환
- 관계부처 협의 과정에서 제기된 ○○제도 도입문제 등에 대해 추가 의견수렴 결과 업계와 전문가 모두가 긍정적 입장을 표명

④ 관계부처간 최종협의('05. 3. 8~3. 11)
- 재경부, 산자부 등 이전에 이견을 제시하였던 관계부처와 최종 보고서(안)에 대해 최종 합의

(후략)

출처: 대통령과 함께 읽는 보고서(「시장거래에서의 대·중소기업 간 불공정거래 실태와 개선방안」), 청와대 브리핑

견수렴을 제대로 하였는지, 관계부서와 협의를 거쳤는지 알 수 있다. 이를 통하여 보고서 작성 과정의 객관성과 공정성에 대한 신뢰 여부를 판단할 수 있다.

02 현황과 문제점

'현황과 문제점'에서는 먼저 정책과 관련한 정확한 현황과 실태를 기술한다. 다음에는 현재 상태가 초래된 원인을 분석하고, 지금까지 정부가 어떻게 대응해 왔는가를 기술한다. 마지막으로 국내외 유사한 사례가 있으면 덧붙인다.

현황과 실태

먼저 현황이 어떤지를 객관적이고 구체적인 사실에 기초하여 다각적으로 기술한다. 올바른 의사결정이 이루어지기 위해서는 현재 상태에 대한 정확한 인식이 필요하다. 가급적 구체적인 통계, 여론조사, 현장조사 결과 등 객관적인 근거자료를 제시한다. 과거부터 현재까지의 추세, 변화 정도, 변화 속도 등을 제시하는 것도 정책 현황을 이해하는 데 유익하다.

〈사례 2-5〉는 구체적인 숫자나 통계 등을 인용하여 자신의 논리를 체계적으로 뒷받침한 좋은 사례다.

현재 상태의 원인분석

현황과 실태를 기술한 후에는 이러한 상태가 발생하게 된 원인을

사례 2-5 현황과 실태를 잘 분석한 사례

(전략)

o '04년 6월 현재 청년(15~29세) 실업자수는 387천 명(전체실업자의 50.7%), 실업률은 7.8%(전체 실업률 3.2%의 2.4배 수준)
- 청년실업률은 '98년 12.2%까지 상승하였다가 '02년 6.6%까지 하락하였으나, 최근 경기위축으로 다소 상승

※ 청년실업률 추이(%): 12.2('98) → 7.6('00) → 6.6('01) → 7.7('03)

o 지표상으로는 청년실업 문제가 예년에 비해, 또는 여타 선진국에 비해 심각한 수준이라고 보기는 어려움
- 청년실업률이 높은 것은 OECD 국가들에 나타나는 공통된 특징

※ '03년 OECD 평균 전체실업률 7.1%, 청년(15~24세) 실업률 13.3%

o 그러나 지표상보다 체감실업률은 훨씬 높다고 할 수 있는바,
- 이는 적극적 구직활동을 하지 않아 실업자로 분류되지는 않지만 취업준비를 하는 "청년층 비경제활동인구"가 다수 존재하기 때문

(후략)

출처: 대통령과 함께 읽는 보고서(「청년실업의 원인분석 보고」), 청와대 브리핑

분석한다. "원인을 분석하라"고 하면 문제점을 단순히 나열하는 경우가 있는데, 이는 제대로 된 원인분석이라고 할 수 없다. 문제의 뿌리, 즉 근본적 원인을 찾아내야 올바른 원인분석이다. 이렇게 해야 근본적인 해결대안 제시가 가능해진다. 접근요령은 문제점의 원인을 1차적으로 찾고, 그 원인에 대한 깊이 있는 분석을 통해 '원인의

참고 2-2 '원인의 원인' 분석

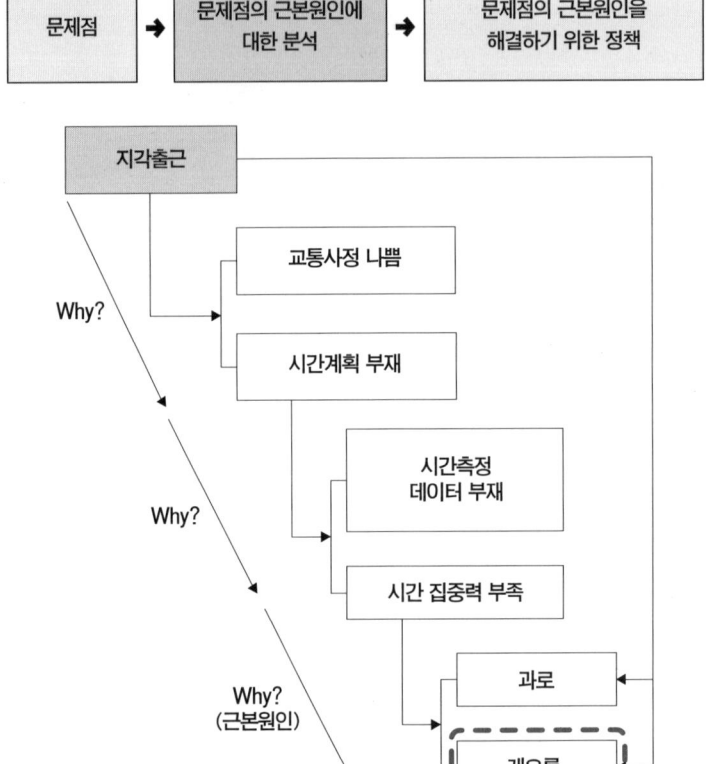

① 문제점에 대한 1차 원인 검토
② 1차 원인을 기준으로 구체적인 2차 세부적 원인을 분석
③ 2차 세부적 원인별 3차 근본원인을 파악

※ 어떤 문제가 있을 때 원인을 찾아보면 처음에는 단편적인 원인이 나오지만 지속적으로 파고들어가다 보면 근본원인을 찾아낼 수 있으며, 근본원인을 해결했을 때 문제를 완전히 해소할 수 있음

원인'을 분석하는 것이다.

〈참고 2-2〉는 지각출근의 원인을 3차에 걸쳐 끝까지 파헤친 경우다. 지각출근의 원인을 최종적으로 '게으름'으로 판명하고, 이에 대한 대책도 이를 해소하는 데 맞추면 근본적 해결이 가능하게 된다. 원인을 분석할 때 한 가지 더 유의할 사항이 있다. 분석된 원인들의 상호관계도 규명하고 중요도도 설명해야 한다는 점이다.

지금까지 정부(기업)의 대응 사례

원인분석이 끝났으면 정부(기업)가 그동안 어떤 정책을 실시했고 그 결과 성공했는지 실패했는지를 분석한다. 최초 정책과 후속 정책이 누구에 의해 어떤 과정을 거쳐 결정되었는가, 투입한 인적·물적 자원이 효율적으로 사용되었는가, 당초 기대한 정책효과와 비교해 실제 나타난 효과는 어떠했는가 등을 분석한다.

또한 과거 정책에 대하여 정책 수혜자가 어느 정도로 만족했는가, 소외되거나 불이익을 받은 정책대상은 누구인가, 발생한 갈등은 어떤 과정을 통해 해결되었는가 등을 종합적으로 분석한다.

국내외 유사 사례 등 참고자료 추가

해당 정책과 관련하여 민간이나 해외에서 유사 사례를 찾아 분석하는 것이 좋은 보고서를 만드는 요령 중의 하나다. 외국의 경우에는 유사한 문제가 어떻게 발생하였는지, 그 문제에 대해 어떻게 대처하였는지, 그리고 그 결과가 어떠했는지를 제시하면 유용한 참고자료가 된다. 수요자는 자신의 결정이 최대한 객관적이고 보편적이기를 바랄 뿐 '특이하고도 부득이한 결정'이 되는 것을 원치 않는다. 유사 사례를 잘 찾기만 하면 천군만마를 얻은 것처럼 객관성과 보편성을 보충할 수 있다. 유사 사례로부터 미리 교훈을 얻는 것은 동일한 실패를 되풀이하지 않기 위해서도 매우 중요하다.

03 정책수단과 대안

'보고 목적'의 달성을 위해 이 부분은 정책기획보고서에서 가장 중요한 부분이다. 분석된 문제점에 대해 해결방안을 제시하는 부분이기 때문이다. 우선 정책대상이 되는 고객과 동원 가능한 자원을 파악한다. 그리고 적절한 정책대안을 제시한다. 마지막으로는 정책집행을 통해 예상되는 효과를 검토한다.

정책대상과 자원 파악

정책을 시행할 경우 어떤 고객이 해당 정책으로 인해 혜택이나 불이익을 받게 될 것인지를 파악하는 작업이다. 해당 정책이 고객을 충분히 포괄할 수 있는지도 검토한다.

정부의 한 정책 사례 토론회에서 일어난 일이다. 신용불량자 대책을 논의하던 중 토론자 한 명이 해당 정책대상자가 몇 명인가 질문하자 2백 명 수준이라는 답변이 돌아왔다. 신용불량자가 3백만 명을 넘어섰는데 고작 1천 명도 안 되는 고객을 대상으로 만든 정책이 과연 올바르다고 말할 수 있는가! 그 정책이 채택되지 못한 것은 당연하다. 이를 통해 우리는 정책고객 파악이 정책결정 과정에서 얼마나 중요한가를 알 수 있다.

이와 더불어 정책의 수혜자 집단과 불이익을 받는 집단도 분명히 정할 필요가 있다. 그리고 각 집단의 규모와 계층별·지역별 특성도 분석한다. 불이익을 받게 될 집단의 반발 등도 고려하여 대상을 파악해야 한다.

그 외에 정책 시행에 소요되는 자원(조직·인력·예산·시간 등)이 얼마나 되고, 이러한 자원들이 조달 가능한지를 분석한다.

가능한 정책대안 제시

정책목표, 사회적 비용, 소요예산, 실행 가능성 등을 종합적으로 고려하여 최적의 정책대안을 제시한다. 정책대안을 검토할 때 고려 사항은 다음과 같다.

- 정책목표에 맞는 대안인가
- 문제의 원인을 근본적으로 해결할 수 있는가
- 정책목표와 정책수단을 잘 연계하고 있는가
- 얼마나 실천 가능한 대안인가

정책대안을 제시할 때 백과사전식으로 나열하는 것은 지양해야 한다. 우선순위, 가용자원, 선택과 집중 등을 고려하여 정책대안 중 핵심적 사항만 제시한다.

예컨대 태풍과 홍수피해 대책으로는 홍수방지용 대형댐 건설, 과학적 수문 통제, 산사태 방지용 소형 사방砂防댐 설치 등 수많은 정책대안을 검토할 수 있다. 하지만 이들 중에서 예산, 시간 등을 감안하여 가장 적합한 대안을 선별하거나 우선순위를 부여해 제시해야 한다.

정책집행을 통해 예상되는 효과

정책집행으로 인하여 어떠한 변화가 일어날 것이며, 현재와 비교해 얼마나 달라질 것인가 하는 예측은 정책결정에 앞서 반드시 점검해야 할 사항이다. 아무리 좋아 보이는 정책이라도 예상되는 효과가 나쁘면 실행에 옮길 수 없다.

긍정적인 효과만 보지 말고 발생할 수 있는 모든 부작용과 문제점에 대해서도 면밀히 검토한다. 특히 정책추진으로 인해 발생할 수 있는 다양한 간접적 영향까지 미리 분석하는 것이 중요하다. 직접적인 효과는 대부분의 기획서에서 꼼꼼하게 검토되지만, 간접적인 영향은 간과하기 쉬우므로 유의해야 한다. 예컨대 건설과 관련된 정책이라면 교통영향평가나 환경영향평가가 필수적이다. 사회정책이나 경제정책의 경우 개인이나 기업에 대한 규제, 사회적·경제적 차별, 사회적 부패 등에 미치는 영향을 분석한다. 즉 정책집행으로 국민의 권리를 제한할 여지는 없는지, 예상하지 못했던 불평등이나 소외문제가 발생할 수 있는지 등을 검토해야 한다. 또한 규정이나 재량범위가 변화함으로써 부패의 소지가 있는지를 꼼꼼하게 분석해야 한다. 이렇게 정책집행에 따른 간접영향 분석까지 거쳐 가장 적절한 정책대안을 선정한다.

04 추진계획

최적의 정책대안이 선정되었으면, 이제 채택된 정책을 어떻게 추진할 것인지 계획을 세운다. '추진계획'에는 해당 정책에 대한 '정책홍보관리계획'과 '정책품질관리계획'도 포함된다.

정책집행계획

계획은 가급적 구체적으로 수립해야 한다. 성공한 사람들을 보면 치밀하게 계획하고 용의주도하게 움직이는 것을 알 수 있다. 또한 한번 세운 계획을 쉽게 포기하지 않고, 비현실적인 계획은 처음부터 세우지 않는다. 정책을 추진하는 데도 똑같은 원리가 적용된다. 현실성이 있고 실천 가능하면서도 면밀한 계획만이 성공적인 정책집행을 보장한다.

정책집행계획을 수립하기 위해서는 우선 추진전략이나 방침을 정한다. 이때 가용한 조직, 인력, 예산, 시간적 제약 하에 정책목표를 어떻게 하면 효과적으로 달성할 수 있을지를 검토한다. 다음으로는 정책집행에 필요한 조직체계도, 예산사용계획, 추진일정표 등을 구체적으로 작성한다.

정책홍보관리계획

새로운 언론환경에 정책을 맞춰야 한다. 정책의 실천 가능성과 효과 극대화를 위해서는 정책의 수용성을 높여야 한다. 이처럼 수용성을 높이기 위해서는 충분히 홍보를 해야 한다.

사례 2-6 정책집행계획을 구체적으로 작성한 사례

('06. 2. 8, 수석 · 보좌관회의 보고자료, 업무혁신비서관실)

(전략)

3. 향후 추진계획

□ 「통합국정관리추진단(가칭)」 구성 · 운영(2월중)

o 조직 구성
- 단장(행정자치부 제1차관), 부단장(관계행정기관에서 파견된 2급 공무원 중 단장이 임명)
- 팀원(관계기관에서 파견된 공무원과 관계기관 등에서 파견된 임 · 직원)
- 실무 작업팀장은 팀원 중에서 단장이 임명

※ 중앙행정기관 확산 완료 시까지 한시적으로 운영

o 주요 기능
- 통합국정관리시스템, 기록관리시스템 등 유관시스템의 전체 추진일정 조정 및 관련 사업 관리
- 정부업무관리시스템 표준모델 및 유관시스템 구축 관련 이슈 협의 및 결정
- 정부업무관리시스템 중앙부처 확산 및 지자체 확산방안 마련
- 사무관리규정 등 업무관리 관련 법제도 개선 추진

o 추진단 사업일정(3월 이후)
- '06. 3~5: 시범사업부처 의견수렴
- '06. 3~5: 기록관리시스템, 정부기능분류체계, 통합국정관리시스템 등 관련 시스템 연계방안 마련
- '06. 3~7: 정부업무관리시스템 표준모델 수립 및 기능고도화
- '06. 6~12: 전 중앙부처 확산
- '07. 1~'07. 6: 업무관리시스템 안정화 · 정착 작업

('06. 2. 8. 수석 · 보좌관회의 보고자료, 업무혁신비서관실)

[참고: 정부업무관리시스템 및 유관시스템 추진일정]

추진일정('06)	1	2	3	4	5	6	7	8	9	10	11	12
◇ 정부업무관리시스템												
○ 정부기능분류체계 통일	━	━	━	━								
- 분류체계 일원화	●	●	●	●								
- 분류체계 재조정			●	●	●	●						
○ 업무관리시스템 표준모델 개발	━	━	━	━	━	━	━					
- 시범부처 적용사업	●	●	●	●	●	●	●					
- 시범기관 활용 및 요구사항 도출					●	●	●	●				
- 표준모델 정립					●	●	●	●	●	●	●	
- 표준모델 구현							●	●	●	●		
○ 부처 확산							━	━	━	━	━	━
- 확산계획 수립							●	●	●	●	●	
- 확산계획 수행								●	●	●	●	●
◇ 기록관리시스템												
- ISP 사업	━	━	━	━								
- 시스템 고도화					━	━	━	━	━	━		
- 시범 확산								━	━	━		
- 중앙행정기관 확산											━	━
◇ 통합국정관리시스템												
- ISP 사업					━	━	━	━				
- 시스템 구축							━	━	━	━	━	━

(후략)

출처: 대통령비서실「정부업무관리시스템 확산계획」보고서

그러면 정책내용을 어떻게 정책고객과 일반국민에게 효과적으로 알릴 것인가?

우선 홍보목표와 홍보대상별 전략을 세우고 난 다음 적절한 홍보방법을 선택한다. 참여정부에 들어 도입된 정책고객관리PCRM: Policy Customer Relationship Management 체계를 이용하는 것도 좋은 방법이다. PCRM은 고객맞춤형 정책홍보 방식으로, 사전에 관심 분야가 파악된 정책고객에게 관련 자료나 뉴스 등을 이메일로 보내는 방법이다.

그리고 국민의 알 권리 충족과 정부 정책에 대한 올바른 이해를 위해 정부 내 보고서를 적극적으로 공개할 필요가 있다. 청와대 브리핑을 통해 공개하고 있는 '대통령과 함께 읽는 보고서'는 이런 취지에서 시행되고 있는 제도다. 공무원이 포털에 올라온 정책 관련 기사에 의견달기를 하는 것도 이제는 더 이상 생소한 풍경이 아니다.

"홍보에는 왕도가 없다"는 생각을 갖고 창의적으로 정책홍보관리 계획을 수립해야 효과가 있다. 단순히 정책고객이나 국민들에게 정보를 제공해주는 것만으로 홍보가 될 거라고 생각해서는 안 된다. 어떤 반응을 보이고, 얼마나 효과가 있을 것인지를 냉철하게 판단해 보고 실제로 효과가 나는 방향으로 홍보를 추진한다. 정책 제목도 광고 카피처럼 기억하기 좋은 것으로 선택한다. '행복도시(행정중심복합도시)'나 '동반성장(경제성장과 사회복지의 선순환)', 그리고 '자주국방' '균형외교'는 별다른 설명이 없어도 뜻을 이해할 수 있는 사례다.

사례 2-7 청와대 정책정보서비스 사례

■ 2006년 7월 14일 (금)   이 메일은 청와대 정책고객이신 《$USERNAME$》님께 보내드리는 정책정보입니다.

■ 사법개혁 리포트

선택과 집중 원리로 효율성 높여

〈사법개혁 리포트 37〉 경죄사건의 신속처리절차 ① - 논의 경과

형사사건 처리절차의 다양화 필요성

현행 형사공판절차는 사건의 경중에 관계없이 모든 사건을 동일한 절차에 따라 처리합니다. 때문에 제한된 재판역량의 최적 배분이 이루어지지 못하여 재판의 모습이 국민의 기대수준에 미치지 못할 뿐만 아니라 피고인의 인권보장에도 미흡하다는 지적이 있어 왔습니다.

현재 경미한 형사사건에 대한 간이한 처리제도로는 즉결심판제도(범증이 명백하고 죄질이 경미한 범죄사건을 검사의 소추절차 없이 경찰서장 또는 해양경찰서장이 직접 법원에 청구하여 통상의 공판절차가 아닌 신속하고 간단한 절차에 의하여 심판하는 제도)와 약식명령제도(검사의 청구에 의하여 공판절차 없이 약식명령으로 벌금, 과료 또는 몰수에 처하는 제도)가 있습니다.

그런데 즉결심판제도에 대해서는 첫째, 검사에 의한 소추가 이루어지지 않는 제도로서 일제시대의 잔재라 할 수 있고 선진국에 입법례가 없다는 점, 둘째, 소추권의 이원화로 인하여 검찰의 소추기준과 경찰서장의 즉결심판기준이 달라 법적용상의 불평등을 초래할 수 있다는 점, 셋째, 즉결심판에서 범칙금사범에 대한 불출석재판을 널리 허용하면서 즉결심판절차가 서면절차로 변질되었고, 출석 불응자의 신병을 확보하거나 출석을 강제할 수 있는 제도적 장치가 없어 법집행력이 약화되고 있다는 점 등의 문제점이 있는 것으로 지적되고 있습니다.

또 약식명령제도에 대해서는 첫째, 약식(명령청구)사건을 처리하는 법관이 다른 주된 업무를 처리하면서 부대업무로 약식사건을 처리하고 있어 처리절차가 지연됨으로 말미암아 국민에게 불편을 초래하고 있는 점, 둘째, 불이익 변경금지원칙의 적용으로 정식재판청구사건이 증가하여 형사단독재판부의 업무과중의 원인이 되고 있는 점, 셋째, 경찰에서의 조사내용에만 의존하고 법원에서는 서면심리에 의하고 있기 때문에 국민에게 법집행의 엄정성을 각인시키기 어렵다는 점 등의 문제점이 있는 것으로 지적되고 있습니다.

법원에서 처리되고 있는 형사사건 중 90%가 넘는 사건이 즉결심판절차 또는 약식절차로 처리되고 있으며, 10% 미만의 사건만이 법원의 통상공판절차에 의하여 처리되고 있는 실정입니다. 국민들 대다수가 즉결심판절차 또는 약식절차에 의해 처리되는 경미한 사건을 통하여 형사사법기관을 접하고 있으므로 이를 신속하고 효율적으로 처리하여 국민들의 불편을 방지하고 사법기관의 신뢰를 제고할 필요가 있습니다.

한편 현재의 공판절차에 의한 형사재판은 주로 조서를 위주로 한 재판운영을 탈피하지 못하고 있는바, 공판중심주의적 재판운영을 위해서는 법정과 재판부 인력 및 공판관여 검사를 대폭 확충하여야 하는데, 이에는 일정한 한계가 있고 재판기간이 장기화할 수밖에 없게 됩니다.

▶ more

출처: 청와대 정책정보서비스(「사법개혁 리포트37 - 경죄사건의 신속처리절차」)

정책품질관리계획

정책도 상품이므로 품질로써 승부해야 한다. 정책은 수립도 중요하지만 제대로 집행되도록 관리하는 것이 더 중요하다. 정책집행에 대한 점검과 평가가 필요한 이유가 여기에 있다. 아무리 치밀하게 수립한 정책도 집행 과정에서 예상치 못한 일로 틀어질 수 있다. 하지만 치밀하게 관리되는 정책은 '고품질'을 유지하면서 성공에 다다르게 된다. 이를 위해 다양한 경우를 상정하여 정책이행을 점검하는 계획을 수립해 놓을 필요가 있다. 이행점검계획 수립 시 고려해야 할 중요한 사항은 점검 시점과 점검 방법, 점검 내용이다.

최근 들어 정부 정책에 대한 평가가 점점 중요해지고 있는데, 정책을 수립하면서 진행 과정과 사후 평가계획과 평가요소 등을 담도록 해야 한다. 정책을 점검하고 평가하는 것이 '정책품질관리시스템'인데, 참여정부에서 대통령의 문제 제기에 따라 고안되었다. 몇 단계로 정책추진 단계를 나누어 정책고객, 이해관계자, 언론 등의 의견을 모니터링하고 성과를 평가·반영하는 것이 그 핵심이다. 그리고 정책의 효과, 성공 여부 등을 판단할 수 있는 평가지표도 설정한다.

05 건의와 제안

이제 결론 부분을 쓸 차례다. '건의와 제안'에서는 수요자에게 요청할 핵심 사항을 기술한다. 보고서 중간에 결론에 담을 중요한 사항을 이미 서술했으므로 굳이 이를 재론할 필요가 있을까 하고 의문을 제기할 수도 있다. 하지만 하루에도 수십 건의 보고서를 읽고 수많

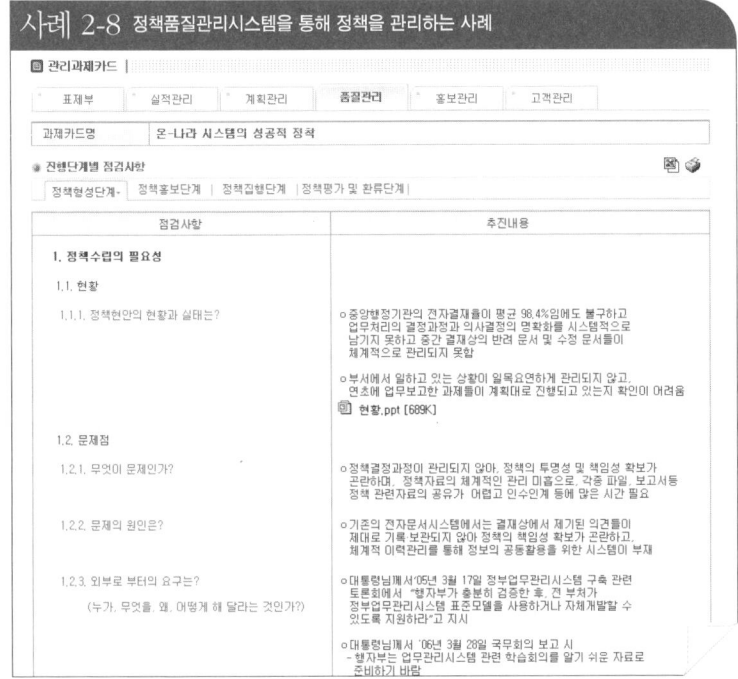

출처: 행정자치부 업무관리시스템 '하모니'

은 사람을 만나야 하는 바쁜 수요자의 입장에서 생각해 보면 답은 분명하다. 별도로 '건의와 제안'을 통해 강조해주지 않으면 보고서를 다 읽고 난 후 "정확히 무엇을 결정해야 하는 거지"라고 반문할 수도 있다.

정책기획보고서를 작성하면서 한 가지 더 유의할 사항이 있다. 정책의 타당성 등을 검토할 때 이를 수행한 전문가 용역에 너무 의존해서는 안 된다. 보고서 작성자는 용역결과의 타당성을 검증하고 다양한 의견도 수렴해야 한다.

정책기획보고서 양식과 체크리스트 ❶

('06. 2. 27, ○○○○, ○○비서관실)

○○ 사업 기본계획 보고

보고 취지 및 개요

☐ **보고 개요**
- 보고 목적(정책 의제화의 이유)은 명확한가
- 그간의 진행 경과가 잘 정리되었는가

o 보고 목적 및 필요성
- ○ ○ ○ ○
o 진행 경과
- ○ ○ ○ ○

☐ **현황과 문제점**
- 문제의 현황과 실태는 어떠한가
- 문제의 원인은 무엇인가
- 지금까지 정부(기업)는 어떻게 대응해 왔는가
- 국내·외 유사 사례 등 참고자료는 제시되었는가

o 실태
- ○ ○ ○ ○
o 원인분석
- ○ ○ ○ ○
o 지금까지의 대응 사례
- ○ ○ ○ ○

☐ **정책수단과 대안**
- 명확한 정책대상(고객, 자원)이 결정되었는가
- 문제를 해결하기 위한 정책대안이 제시되었는가
- 정책을 통해 기대되는 효과가 제시되었는가

o 정책의 대상 및 소요자원
- ○ ○ ○ ○

o 정책대안
- ○ ○ ○ ○
o 예상 효과
- ○ ○ ○ ○

☐ **추진계획**　●┄┄┄┄┄┄┄┄ · 인적·물적자원 활용계획은 포함되었는가
· 향후 추진전략과 추진일정표가 제시되었는가
· 정책홍보계획과 방법이 제시되었는가
· 정책점검과 평가계획 등 정책품질관리 방법이
　제시되었는가

o 정책집행계획
- ○ ○ ○ ○
o 정책홍보관리계획
- ○ ○ ○ ○
o 정책품질관리계획
- ○ ○ ○ ○

☐ **건의 및 제안**　●┄┄┄┄┄┄┄┄ · 수요자에게 건의 또는 제안하고 싶은 사항이
　요약되었는가

- ○ ○ ○ ○

구체적인 작성 방법: 조정과제보고서

> ① 보고 개요 ② 현황과 쟁점 ③ 대안분석 ④ 건의와 제안 ⑤ 향후 계획

조정과제보고서는 앞서 언급한 대로 정책 추진 중에 발생하는 갈등이나 이해관계를 조정하고 해법을 강구할 때 작성하는 보고서다. 정책기획보고서와 마찬가지로 의사결정을 요하는 보고서이므로, 기본적인 작성요령은 유사하다. 다만 조정과제보고서는 쟁점사항을 명확하게 하고 조정방안을 제시한다는 측면에서 차별점을 찾을 수 있다. 정책조정보고서라고 명칭을 부여하지 않고 조정과제보고서로 한 이유도 정책을 조정하기보다는 과제를 조정해나가는 과정에서 작성하는 보고서이기 때문이다.

조정과제보고서는 일반적으로 ① 보고 개요 ② 현황과 쟁점 ③ 대안분석 ④ 건의와 제안 ⑤ 향후 계획의 순으로 작성한다. 정책기획보고서와 비교해보면 쟁점과 대안을 집중 조명하는 것을 제외하고 기본적인 차이점은 없다.

여기서 다만 ④ 건의와 제안 ⑤ 향후 계획이 뒤바뀌어 있는데, 조정과제보고서는 '③ 대안분석'을 통해 선정된 대안에 대해 곧바로 건의하는 것이 순서이므로 ④번에 '건의와 제안'이 자리한다. 이 순서는 다소간 융통성을 갖고 있어서 필요에 따라 생략, 통합 또는 순서 변경을 할 수 있다.

조정과제보고서 작성 방법은 정책기획보고서와 차이가 발생하는 부분을 중심으로 간략하게 설명한다.

01 보고 개요

어떤 이유로, '무엇이 쟁점'이 되어 조정과제보고서를 작성하게 되었는지를 기술한다. 수요자가 맥락을 이해하기 쉽도록 그동안의 진행 과정도 설명한다.

02 현황과 쟁점

정책을 추진하는 과정에서 나타난 갈등요인이나 의견대립 사항을 대비적으로 작성한다. 즉 문제점이나 의사결정이 필요한 부분과 관련하여 '찬성:반대', '제1안:제2안', 이해당사자들의 의견을 표나 그림으로 상호 비교한다. 쟁점이 나타나게 된 과정과 그것을 조정하기 위해 추진했던 실적들도 정리한다.

〈사례 2-9〉는 관계부처 간 쟁점사항을 대비적으로 잘 정리한 사례다. 이처럼 쟁점사항을 분명히 하고, 이에 대한 이해관계자·관계기관의 의견이 어떠한지를 한눈에 볼 수 있도록 정리하면 수요자가 쟁점을 이해하기가 쉽다.

03 대안분석

이 부분은 조정과제보고서에서 핵심이 되는 가장 중요한 부분이라고 할 수 있다.

쟁점을 해결하기 위한 대안의 장·단점을 분석하는 것인데, 이는

사례 2-9 관계부처 간 쟁점을 대비적으로 잘 정리한 사례

【 기획예산처 입장 】
o 특별승급의 효력기간을 5년으로 제한
o 제한이 필요한 사유
 - 단년도 실적에 대해 전 생애에 걸친 보상으로 성과와 보상의 불일치가 발생
 - 연봉제 확대, 직무성과급제 도입 등 보수체계 개편과 배치
 - 성과상여금, 모범공무원수당 등에 비해 과도한 혜택
 - 향후 인건비 예산제약 및 연금재정 악화가 우려

【 중앙인사위원회 입장 】
o 특별승급 효력기간 제한은 특별승급제도의 본질에 반함
 - 특별승급제도는 성과에 대한 지속적인 보상수단
 - 기간제한 시 현행 제도상의 성과상여금, 모범공무원수당과 차별성이 없음
 - 연간 250여 명 실시로 그 효과에 비해 예산상 큰 부담이 되는 수준이 아님

출처: 대통령비서실(「공무원 '특별승급제도' 실시에 대한 관련부처 의견」 보고서)

수요자의 판단을 돕기 위한 것이다. 〈사례 2-10〉은 '복수차관의 명칭'이 쟁점인 경우에 대한 것이다. 의사결정이 필요한 대안을 각각 '제1안'과 '제2안'으로 제시하고, 대안별로 장·단점을 분석하였다. 〈사례 2-11〉은 '신규 정책사업 선정기준'을 '제1안'과 '제2안'으로 제시하고, 각 대안별로 장·단점을 분석했다.

사례 2-10 쟁점의 장·단점 등을 잘 분석한 사례

□ 결정이 필요한 사항: 복수차관의 명칭(※ 명칭에 맞춰 직제안 조정)

(제1안) 제1차관, 제2차관
 - 장점: 명칭에 관계없이 업무의 탄력적 배분이 가능
 - 단점: 차관간 업무 분장 표시가 곤란하며, 제1·2차관을 서열로 인식

(제2안) 업무배분을 반영한 명칭(예시): 산업차관/ 에너지차관
 - 장점: 차관 간 업무 분장에 대한 인식이 용이
 - 단점: 업무의 탄력적 배분이 곤란
     차관이 담당하는 대표적 업무의 표현상 어려움이 있음

※ 부처 희망에 맡기는 대안도 있으나, 국민 혼란을 줄이기 위해 1·2안 중에서 선택

―― 〈 참조: 부처에서 선호하는 명칭 〉 ――
◇ 재정경제부: 정책차관/기획차관
◇ 외교통상부: 제1차관/ 제2차관(지역차관 / 정책차관)
◇ 행정자치부: 제1차관/ 제2차관(혁신차관 / 지방차관)
◇ 산업자원부: 제1차관/ 제2차관(산업차관 / 에너지차관)

출처: 대통령비서실(「정부조직법 개정 후속조치 관련 현안 점검 회의자료」 보고서)

04 건의와 제안

여러 대안에 대한 분석이 끝났으면 가장 바람직한 방안을 선정하여 건의하는 일이 남아 있다. 대안을 건의할 때는 대안을 선정한 이유를 설명해야 한다.

사례 2-11 정책품질관리대상정책의 선정에 대한 쟁점사항 분석 예시

구분	제1안(구체적으로 규정)	제2안(포괄적으로 규정)
신규 정책 사업 기준	가. 정책과 직접 관련되는 이해 당사자가 1백만 명 이상, 간접적으로 관련되는 이해당사자가 5백만 명 이상인 정책 또는 사업 나. 사업구상 단계의 추정 총사업비가 500억 원 이상(국고 300억 원 이상)인 사업 다. 기타 정치·경제·사회·문화 등에 미치는 영향이 큰 정책 ※ 예비타당성 조사대상(예산회계법), 규제영향분석대상(행정규제기본법) 등을 고려	가. 국정과제 또는 국가전략사업 나. 다수 부처 관련 주요 복합사업 다. 연두 업무보고과제 중 핵심과제 라. 대통령 공약사항·대통령 지시사항 및 총리 지시사항 마. 주요 재정사업 바. 국가경쟁력 제고 및 국민생활에 큰 영향을 미치는 사업
장점	○ 구체적 선정기준을 제시하여 관리대상정책의 범위를 명확하게 규정	○ 일반적인 선정 기준을 제시하여 부처 특성에 따른 관리대상정책의 지정이 가능
단점	○ 이해당사자수 및 총사업비 등을 기준으로 지정하게 되어, 부처 간 관리대상정책 숫자의 큰 편차 가능성	○ 관리대상정책 지정의 강제성이 미약하여 대상정책이 적을 경우 정책의 실효성 저하

출처: 대통령비서실,「정책품질관리제도 도입 추진방향」보고서)

조정과제보고서 양식과 체크리스트 ❷

('06.2.27, ○○○○○, ○○비서관실)

○○ 조정방안 검토 보고

보고 취지 및 개요

☐ **보고 개요**
  o 보고 목적 및 필요성
  - (쟁점이 얼마나 문제가 되고 있는지)
  o 진행 경과
  - (사업의 진행 상황 설명)

· 보고 목적(정책 의제화의 이유)은 명확한가
· 그동안의 진행 경과가 잘 정리되었는가

☐ **현황과 문제점**
  o 실태
  - (갈등요인 또는 의견대립 사항)

· 제기된 문제점과 실태는 어떠한가
· 쟁점화되고 있는 사항은 무엇인가
· 지금까지 정부(기업)는 어떻게 대응해 왔는가
· 국내·외 유사 사례 등 참고자료는 제시되었는가

☐ **대안분석**
  o 조정을 위한 대안
  - (대안간의 장·단점 분석)

· 쟁점해결을 위한 대안이 제시되었는가
· 각 대안의 장·단점은 분석되었는가
· 대안의 선택 시 효과가 제시되었는가

☐ **건의 및 제안**
  - (가장 바람직한 대안 및 선정 이유)

· 선정한 대안에 대한 건의 이유를 설명했는가

☐ **향후 계획**
  - ○○○○

· 조정과 관련한 추진전략과 추진일정표가 제시되었는가
· 정책홍보계획과 방법은 제시되었는가

05 향후 계획

해당 과제의 조정이 끝나면 향후 어떻게 추진할 것인지 추진계획을 작성해야 한다. 보다 자세한 사항을 알고 싶다면 116페이지 정책기획보고서 작성 방법을 참고하도록 한다.

구체적인 작성 방법: 정책참고보고서

> ① 보고 개요 ② 현황과 문제점 ③ 기타 시사점 점검

정책참고보고서는 수요자가 정책 구상이나 결정에 참고할 아이디어나 실마리를 제공하는 것을 목적으로 하기 때문에 각종 현황, 외국의 사례, 전문가의 연구결과 등을 형식에 제한 없이 상세하게 소개하는 것이 중요하다.

그러나 ① 보고 개요(보고 목적과 배경 등) ② 현황과 문제점은 기술하는 것이 좋다. 왜냐하면 수요자의 입장에서 어떤 정책에 참고해야 할 것인지를 알 수 있도록 해주어야 하기 때문이다.

정책참고보고서는 풍부한 국내외 사례와 전문가 의견을 제시하는 것이 핵심이다. 해당 정책이 도입될 당시의 상황과 배경, 도입 시 갈등사항과 해결 사례, 도입 후의 긍정적·부정적 효과 등을 소개하는 것이 좋다. 또한 관련 전문가들의 의견을 제시하고, 우리에게 주는 시사점과 교훈을 적시하면 훌륭한 정책참고자료가 된다.

정책참고보고서 양식과 체크리스트 ❸

('06. 2. 27, ○○○○○, ○○비서관실)

○○ 사례 보고

보고 취지 및 개요

☐ 보고 개요
· 보고 목적과 배경은 명확한가

o 보고 목적 및 필요성
- (해당 사례 또는 내용을 왜 보고하는지)

☐ 현황과 문제점
· 문제의 현황과 실태, 원인이 소개되었는가
· 제시하는 정책의 배경과 긍정적·부정적 효과가 소개되었는가
· 국내외 유사 사례가 풍부하게 제시되었는가

o 현황
- (도입 당시 상황과 배경)
- (도입 시 갈등사항과 해결 사례)
- (도입 후의 긍정적·부정적 효과)
o 전문가 제언
- (관련 전문가 의견)
o ○○○○
- ○○○○

☐ 시사점
기타 :
· 전문가 의견, 시사점과 교훈은 제시되었는가
· 우리와의 차이점, 자료의 한계나 불확실성을 적시하였는가

o 정책 제언
- (시사점 및 교훈)

정책참고보고서는 아이디어 제공 차원에서 작성되는 보고서이므로 정책기획보고서와는 달리 정책집행의 가능성까지 심각하게 따질 필요가 없다. 다만 우리의 경우와 어떻게 다른지, 자료의 한계나 불확실성은 어떠한지 등을 사실대로 기술하여 객관성을 유지하는 것이 중요하다.

상황 · 정보보고서

　　직장에서 간략하게 자주 작성하는 보고서가 상황 · 정보보고서다. 정책보고서만큼 분량이 많거나 긴 시간을 들이지 않으면서도 시의적절하게 작성해야 하는 것이 특징이다. 정책보고서를 작성할 때와는 다른 감각이 요구되며 작성요령도 다르다. 이 점을 감안하여 구체적인 작성 방법을 설명한다.

상황 · 정보보고서는 '공신력 있는 뉴스'

직장인과 뉴스 리포터! 이 둘은 도저히 어울리지 않을 것 같지만, 직장인은 종종 리포터로 변신해야 한다. 사건 · 사고가 발생했을 때 언론 보도보다 빠르고 정확하게 보고할 수 있으면 유능한 직장인이다.

상황·정보보고서는 상황보고서와 정보보고서를 통틀어 말하는 것이다. 이 두 보고서는 개념적으로 다르고 용도도 다르다. 하지만 실제 작성요령이나 형식에는 큰 차이가 없어 특별한 경우가 아니면 '상황·정보보고서'로 묶어 설명한다.

상황·정보보고서는 일반적으로 '특정 사안에 대한 구체적인 사실관계나 현황, 또는 이를 체계적으로 분석한 정보를 담은 보고서'라고 말할 수 있다. 앞 장에서 다루었던 정책보고서가 차분히 앉아서 깊이 생각하며 작성하는 것이라면 상황·정보보고서는 바쁘게 여기저기 전화하고 이메일을 주고받으면서 작성하는 것이다. 분량은 다른 보고서에 비해 아주 짧다. 하지만 급하다고 '대충 급조해도 되겠지'라고 생각해서는 안 된다. 단어 하나 문단 하나에 다른 어떤 보고서보다 많은 공을 들여야 한다.

상황·정보보고서는 다른 보고서와 달리 정형화된 양식을 준수해야 한다. 왜냐하면 신속한 상황·정보를 파악하기 위해서 꼭 채워야 할 사항을 사전에 정하여 이를 준수하도록 하면 바쁜 가운데서도 빠짐없이 점검할 수 있기 때문이다.

한편 상황·정보보고서는 시사성이 매우 높다. 텔레비전 뉴스나 신문기사처럼 며칠만 지나도 그 가치가 현저히 떨어진다. 전 세계적인 통신·방송·인터넷망을 통해 분·초를 다투며 뉴스와 정보가 쏟아지고 있다. 이는 보고서를 작성하는 사람에게 기회이지만 위기이기도 하다. 보고받는 상급자의 '눈과 귀'를 독점할 수 없기 때문이다. 상황·정보보고서를 많이 작성하는 상황실 관계자, 외교관,

상사주재원에게는 신문기자와 같은 프로 근성이 요구된다.

01 상황보고서와 정보보고서의 구분

상황보고서와 정보보고서는 유사한 면도 있지만, 다음과 같이 구분된다.

상황보고서

특정 분야(언론·안보 등)의 일일 상황, 정책추진 상황, 또는 즉시 알고 있어야 하거나 대응이 필요한, 시의성이 강한 사건 등에 관한 보고서다.

정보보고서

상황보고서 같은 정도의 시급성이 요구되지는 않지만, 특정 이슈나 테마에 대해 간단히 분석·평가한 내용을 덧붙이고 경우에 따라서는 대책까지 제시하는 보고서다.

이렇듯 정부에서 작성하는 정보보고서는 대부분 정책수립이나 집행에 참고할 만한 정보까지 제공하는 것이 특징이다. 그렇다면 앞서 소개된 정책참고보고서와 정보보고서는 거의 같은 것이 아닌가? 그러나 〈참고 2-3〉에서 보는 바와 같이 두 보고서에는 뚜렷한 차이가 있다.

참고 2-3 상황보고서, 정보보고서와 정책참고보고서 비교

구분	주안점	분량	형식	비고
상황보고서	신속	1~2매	엄격	시의성 가장 중요
정보보고서	정확	2~3매	엄격	정책 동향 등
정책참고보고서	분석·종합	제한없음	제한없음	참고·학습자료 등

02 정책참고보고서와 정보보고서의 차이점

정책참고보고서와 정보보고서는 정책에 대한 아이디어나 문제해결의 실마리를 제공한다는 측면에서 차이가 없다. 둘 다 수요자가 필요로 하는 정보를 제공한다. 하지만 실무에서는 뚜렷이 구분된다.

정보보고서가 통상 한 주제에 집중하는 것과 달리, 정책참고보고서는 다양한 사례를 분석하고 종합적으로 접근한다. 정보보고서는 형식의 제약과 분량의 압박이 심한 반면에 정책참고보고서는 그러한 제한이 없다. 예컨대 안보 분야의 주요 정책 동향 보고서는 어느 쪽으로 분류되는 것이 적절할까? 정책참고보고서일까? 아니다. 이는 전형적인 정보보고서다. 일정하게 정해진 형식이 있으므로 성격상 정보보고서로 분류해야 한다.

이것만은 알고 가자

- 상황·정보보고서는 '신속·정확·간결' 이 생명이다
- 논리적인 결론을 먼저 내리고, 경제적인 어휘 표현으로 핵심만 설명하라

01 상황·정보보고서는 '신속·정확·간결'이 생명이다

상황·정보보고서가 다른 보고서와 뚜렷하게 구분되는 점은 신속·정확·간결성을 중시한다는 것이다. 실제로 보고서를 작성하다 보면 '신속' '정확' '간결'은 서로 충돌한다. 빠르게 만들다 보면 정확하지 않고, 정확성을 기하기 위해 상세하게 작성하다 보면 신속성과 간결성을 잃기 쉽다. 복잡한 상황이나 정보를 '간단·명료' 하게 표현하는 데는 고도의 경험이 요구되는데, 이는 수십 년을 보고서와 씨름한 베테랑 직장인들도 어려워하는 부분이다.

다음과 같은 문제를 극복하지 못하면 상황·정보보고서를 제대로 작성할 수가 없다.

첫째는 '적시성 결여' 문제다. 보고서의 정확성과 완전성을 기하려다가 보고 시기를 놓치는 수가 있다. 보고서를 작성하는 사람이 시간을 다 써버려 보고서 수요자가 대응할 시간적 여유가 없게 된다. 아무리 내용이 좋아도 이런 보고서는 좋은 상황·정보보고서가 될 수 없다.

둘째는 '시야 협소' 문제다. 보고서를 작성하는 사람이 단편적인 시각에서만 접근하는 경우다. 정부 보고서의 경우 정치경제·외교안보·시민사회·과학기술·환경복지 등 국정을 종합적·균형적으로 판단해야 한다. 국방부에서 작성하는 보고서라도 주변국의 외교, 국내 경제, 사회적 영향, 과학기술 문제 등이 포함되어야 한다.

셋째는 '유관기관간 협조 미흡'이다. 상황·정보보고서의 속성상 보안성과 신속성이 요구되는 특성 때문에 비밀주의적이고 배타적으로 흐르기 쉽다. 여기에 부서 간 공명심·이기주의로 인해 협조가 이루어지지 않아 정보가 공유되지 않기도 하고 중복 보고되기도 한다. 이 문제는 선진국이라는 미국·영국에서도 똑같이 발생하는데, 해결이 결코 쉽지 않은 문제임을 알 수 있다.

넷째는 '지나치게 학술적·전문적'인 문제다. 상황·정보보고서의 작성 주체는 기상예보관, 재해재난 관리요원 등 해당 분야 전문가인 경우가 많다. 그렇다고 일반적으로 통용되지 않는 개념이나 전문·특수 용어가 아무 설명도 없이 사용되어서는 안 된다. 아무리 훌륭한 내용이라도 보고서 수요자가 이해할 수 없다면 그건 잘못 작성된 것이다. 상황·정보보고서는 논문이나 학술지가 아니기 때문이다.

마지막으로 '방향 설정 잘못' 문제다. 상황·정보보고서는 '짧지만 분명한 메시지'를 전달하는 것이 중요하다. 보고서 작성 시 방향을 잘 잡고 작성 기조를 정해야 하는데, 그게 말처럼 쉽지가 않다. 보고서를 작성할 때 중간관리자들의 주된 역할이 바로 '방향 설정'이다. 수요자의 의도를 정확하게 파악하지 못해 가려운 부분을 긁어주지도 못하고 실제 정책에 반영하지 못하는 사례가 종종 발생하는 것은 이런 이유 때문이다.

02 논리적인 결론을 먼저, 경제적인 어휘 표현으로 핵심만 설명하라

첫째, 수요자가 논리적으로 옳다고 생각하도록 형식 논리를 구비하여 작성한다. 삼단논법이든 기승전결이든 좋다. 육하원칙에 따라 기술하는 것이 기본이다.

둘째, 보고서의 맨 처음 문단에 가장 중요한 내용을 집어넣는다. 필요할 경우 결론이 맨 앞에 나와도 된다.

셋째, 어휘를 선택할 때는 명료하면서도 경제적인 어휘를 고른다. 상황이나 정보 자체가 불명확하고 애매할수록 더욱 명확하게 표현하도록 노력해야 한다.

넷째, 논증보다 의미 있는 사실과 특성을 요약·정리한다. 상황·정보보고서는 객관적 사실을 있는 그대로 전달하는 것이 핵심이다.

구체적인 작성 방법: 상황·정보보고서

① 제목　② 도입문　③ 본문　④ 결론

기관별로 상황·정보보고서에는 정해진 형식이 있다. 어떤 것이 좋고 나쁘다고 말하기는 힘들지만 일반적으로 상황·정보보고서는 '제목 → 도입문 → 본문 → 결론' 형식으로 구성된다.

01 제목

상황·정보보고서는 제목만 보고도 전체 내용을 한눈에 알 수 있도록 핵심 사항을 압축하여 작성한다. 제목 작성 시 본문 내용을 최대한 포괄하되, 본문에서 전혀 언급하지 않은 내용은 포함시키지 않는다. 본문을 읽지 않고도 제목만으로 어느 정도 의미가 전달될 수 있도록 작성해야 한다. 의미전달에 지장이 없는 낱말은 과감하게 생략하여 간결성·명료성을 유지한다.

좋은 예 "경기도 연천 아군 GP에서 총기 사망사고 발생"

지나치게 포괄적인 '~동향, ~현황, ~개요' 등의 용어 사용을 지양한다. '제목에 관한 설명' 대신에 곧바로 '구체적인 사실 설명'에 돌입하는 것이 좋다.

예 "금속연맹 최근 동향" ⇒ "금속연맹, 전국 동시 시한부 파업과 집회 추진"

전문용어나 생소한 약어는 가급적 쓰지 않도록 하고, 불가피한 경우에는 풀어서 표기한다.

예 "일본, GPS 개발 추진" ⇒ "일본, '위성이용 위치측정장치(GPS)' 개발 추진"

제목의 끝에는 '동작성' 단어가 오는 것이 좋다. 한눈에 띌 수 있도록 끝 단어는 띄어쓴다.

좋은 예 "어민들, 중국인 불법 어로행위 강력단속 요망"

02 도입문

제목 바로 밑의 첫 문장이다. 보고서를 읽는 사람의 관심을 유발하고, 재빨리 핵심 내용을 파악할 수 있도록 가장 중요하고 흥미로운 내용(보고 목적·방향·대책 등 포함)을 요약하여 기술한다. 도입문은 상자로 처리하거나 특수문자로 처리하여 본문과 구분되도록 한다.

> **좋은 예** 7. 7 17:50(한국 시간) 런던 시내 지하철 역·버스에서 7차례의 폭발 발생, 37명 사망·700여 명 부상(영국 경찰 발표)하였으며, 7. 7 21:00 현재 아국인 피해는 없는 것으로 확인

 육하원칙(5W 1H)에 따라 작성하는 것을 원칙으로 하되, 적어도 '인물who → 시각when → 장소where → 사건what' 까지는 기술한다.

03 본문

보고서의 중심 내용인 '실태, 현황·문제점, 예상 동향, 관련 사항' 등을 기술한다.

 본문 작성 시에도 중요한 사안을 가급적 앞에 배열하고 중요하지 않은 사안은 뒤쪽에 놓는다. 부득이하게 중요한 사안을 뒤쪽에 기술할 경우에는 '특히' '더구나' 등 부사를 써서 관심을 유도한다. 문단 길이는 가급적 한 문장이 2~3줄을 넘지 않도록 유의한다.

04 결론

결론에는 '평가, 대책, 대응방안, 조치의견, 고려사항' 등을 다양하게 기술한다. 이 부분에는 수요자에게 행동 방책을 제시하는 경우가 대부분이므로, 미사여구보다는 객관적인 평가와 실현 가능한 구체적 대안 제시가 중요하다. 하지만 경우에 따라서는 결론 부분을 생략할 수도 있다.

다음에 나오는 〈참고 2-4〉는 미국의 대표적 정보기관 CIA에서 내부정보 보고 시 적용하는 10가지 기본원칙이다. '결론을 먼저 서술하라' 든가 '적합한 언어의 사용'과 '단어의 경제적 사용' 등을 강조하고 있는데, 짧게 요약되어 있는 이 원칙을 책상 앞에 붙여놓고 상황·정보보고서 작성 시마다 참고하는 것도 좋은 방법이다.

참고 2-4 미국 CIA의 정보보고서 작성 기본 10원칙

1) **결론을 먼저 서술**(Put big picture, Conclusion First)
   - 판단을 먼저 제시하고 뒤에 보충할 수 있는 사항을 기술
   ※ 정보사용자는 시간이 촉박하여 무엇을 말하려고 하는가를 빨리 알고 싶어함

2) **정보의 조직화, 체계화**(Organize Information)
   - 혼란을 야기하지 않도록 입수된 정보를 논리적으로 체계화
   ※ 불필요한 반복을 회피하고 요점을 정리

3) **보고서의 형태 이해**(Understand Format)
   - 해당 양식의 서술 기법에 따라 기술

4) **적합한 언어 사용**(Use Precise Language)
   - 작성자와 사용자가 똑같이 이해할 수 있도록 적합한 언어를 구사

5) **단어의 경제적 사용**(Economic on Words)
   - 짧은 문장은 읽는 사람의 이해도를 제고시킴
   ※ 두 줄 정도가 적절하며 대화체로 서술하고 미사여구와 전문용어는 피함

6) **생각한 것을 분명하게 표현**(Achieve Clarity of Thought)
   - 표현이 불분명하면 내용도 불분명해지므로 작성 전 생각하는 바를 미리 정리

7) **능동형 표현**(Use Active Voice, not Passive Voice)
   - 능동형 문장은 직접적이고 확실하고 적극적으로 의미를 전달

8) **자기가 작성한 보고서를 스스로 편집**(Self-edit your Writing)
   - 제출하기 전 다시 읽고 수정해 최상의 것이라고 판단했을 때 제출
   ※ 동료에게 미리 보여주어 오자·탈자·내용상 오류 등에 대해 의견을 얻어 수정

9) **정보사용자의 수요를 분명히 알 것**(Know your reader's Needs)
   - 정보사용자가 무엇을 알고 싶어하는가를 끊임없이 생각

10) **동료의 전문지식과 경험 활용**
    (Draw on the Expertise and Experience of your colleagues)
    - 동료들의 통찰력과 지식의 도움을 받는 것이 필요

상황 · 정보보고서 양식과 체크리스트 ❹

('06. 2. 27, ○○○○○, ○○비서관실)

○○ 상황 보고(07:00 현재)

[도입문]
(가장 중요한 내용 요약)

- 제목이 전반적 내용을 포괄하고 있으며 간결 · 명료한가
- 본문에 언급되지 않은 내용을 담고 있지 않은가

☐ **[본문]**
o 실태
o 현황과 문제점
o 예상 동향
o 관련 상황

- 가장 중요하고 흥미 있는 내용을 요약하여 기술했는가
- 육하원칙에 따라 작성했는가

- 중요한 사안을 앞에 배열했는가
- 전체적으로 통일성과 논리적 일관성을 유지했는가
- 최대한 객관적이고 정확한 문장을 사용했는가
- 능동형과 구어체를 쓰고 품위 있게 표현했는가
- 한 문장이 가급적 2~3줄을 넘지 않도록 작성했는가

☐ **[결론]**
o 평가
o 대책 및 대응방안
o 조치의견
o 고려사항

- 객관적 평가와 실현 가능한 대안을 제시했는가

전반적인 점검사항 |
- 수요자의 요구에 맞는 적시성 있고 충실한 보고인가
- 상황 · 정보보고서의 생명인 정확성을 유지하고 있는가
- 전체보다는 자신과 소속 부서 시각으로만 보지 않았는가
- 관련부서 의견을 과장이나 왜곡 없이 반영했는가
- 문제해결을 위한 창의적 · 보편적 방안이 제시되었는가
- 보다 효과적인 사진 · 그래프 · 통계자료는 있는가

기타 |
- 오탈자나 문법 등에 잘못은 없는가
- 인명 · 지명 · 숫자 · 단위 등에 착오가 없는가
- 전문 · 특수용어가 설명 없이 사용되지는 않았는가

Chapter 4 회의보고서

회의보고서는 회의와 관련해 작성하는 보고서를 말한다. 회의를 하기에 앞서 준비 단계에서는 회의 목적과 필요성 등을 검토하는 회의기획보고서와 회의 날짜, 시간, 참석자, 회의안건과 좌석배치도 등을 담은 회의진행보고서를 작성한다. 회의안건으로 상정할 자료와 관련해서는 회의자료보고서를 작성한다. 통상 회의 전에 회의 주재자에게 회의진행보고서와 회의자료보고서를 동시에 보고한다. 회의를 하고 난 후에는 회의결과보고서가 작성되는데, 회의자료보고서의 내용 중 실제 회의에서 논의된 내용만 포함한다.

여기서는 회의자료보고서와 회의결과보고서에 대해 설명한다. 회의기획보고서와 회의진행보고서는 뒤에서 설명할 행사보고서와 유사한 측면이 있으므로 행사보고서를 참고한다.

회의보고서는 '목적에 맞게 쓰면 효과 극대화'

01 회의자료보고서

회의 종류가 다양한 만큼 회의자료도 다양하다. 상세히 구분하자면 끝이 없지만, 회의 종류는 크게 정보를 공유하기 위한 회의, 안건에 대한 의견수렴 회의, 의사결정을 위한 회의 등으로 구분할 수 있다. 회의자료보고서는 이러한 각종 회의에 사용되는 '회의용 자료'를 말한다. 일대일 대면 보고와 달리 회의에서는 보고서 수요자가 많고 참석자들의 배경이 다양하다는 특징이 있다. 또한 보고하고 토론할 시간이 제한되어 있어서 주어진 시간 내에 정보를 공유하고 쟁점에 대해 결론을 도출할 수 있도록 회의자료보고서를 명료하게 작성해야 한다.

02 회의결과보고서

회의결과보고서는 회의를 하고 나서 회의결과를 정리한 보고서다. 일반적으로 회의가 끝나면 회의의 일반적 개요(일시와 장소, 안건, 참석자 등), 회의에서 논의된 사항과 발언자 등을 정리하는 보고서를 작성한다. 하지만 회의결과보고서는 단순히 '회의 결과를 보고'하는 것이 아니다. 역사적 사실로서의 정책결정 과정을 기록으로 남긴다는 측면에서도 중요한 의미가 있다. 따라서 어떤 내용을 어떤 양식으로 작성하여 보고할 것인가 하는 문제는 매우 중요하다.

이것만은 알고 가자

01 회의자료보고서 작성의 팁

- 참석자(보고서 수요자)들에게 회의를 통해 얻고자 하는 효과를 분명히 적시하라
- 시간 제약이 있기 때문에 본문과 참고자료의 구분을 적절하게 활용하라
- 여러 참석자의 평균적 이해 수준에 맞춰라

회의자료보고서는 기본적으로 정책보고서와 크게 다를 것이 없다. 실제로 정책보고서를 회의자료로 사용하는 경우가 종종 있다. 다만 회의행사용으로 별도 준비할 경우 다음과 같이 회의의 특성을 반영하여 작성한다.

첫째, 참석자들이 회의를 개최한 목적과 취지를 알 수 있도록 회의를 통해 얻고자 하는 효과를 분명하게 적시한다.

둘째, 회의자료보고서는 정해진 회의 시간 내에 자료를 활용해야 한다. 따라서 자료가 산만해지지 않도록 본문과 참고자료로 적절히 구분해서 작성한다.

셋째, 다양한 배경을 가진 참석자들이 이해할 수 있도록 균형을 이룬 시각에서 평이한 용어를 사용하여 알기 쉽게 작성한다.

회의자료는 가급적 사전에 제공하여 충분히 숙지하고 회의에 참석할 수 있도록 한다. 회의자료가 여럿 제공되는 경우 회의안건의 중심이 되는 자료를 제외하고는 나머지를 참고자료로 구분해주어야 사용자가 헷갈리지 않는다.

02 회의결과보고서 작성의 팁

- 회의결과보고서는 녹취록이 아니다
- 회의결과보고서는 회의 참석자와 회의 불참자 모두를 고려한다
- 회의결과보고서는 회의에서 내린 결론뿐 아니라 회의 분위기도 전달한다

회의결과보고서는 회의 참석자들 간에 논의된 결과를 명확히 정리하여 이를 공유하거나 회의에 참석하지 않은 사람들에게 회의결과를 알려주기 위해 작성한다. 가급적 상세하고 정확하게 작성하는 것이 좋다.

하지만 회의결과보고서는 회의 참석자의 발언내용을 빠짐없이 기록한 녹취록이나 발언록은 아니다. 진본성 확보 차원에서 국회 속기록처럼 발언내용을 그대로 적거나 녹음 등을 통해 전자기록을 하여 회의결과보고서에 첨부하기도 한다. 하지만 이는 회의결과보고서가 아니다.

회의결과보고서는 회의에 참석하지 않은 사람이 발언록이나 녹음을 통하지 않고도 회의의 전체적인 분위기와 논쟁의 요지, 결론 등을 쉽게 파악할 수 있도록 작성한다. 결과보고서 작성자가 최종결론과 회의를 주재한 사람의 정리 발언만을 간략하게 기록하는 경우, 회의에 참석하지 않은 사람은 회의결과보고서만 보고 분위기를 파악하기가 어렵다. 이때 회의 주제나 이슈별로 회의 발언자들의 의견을 요약·정리하면 회의 분위기를 파악하는 데 큰 도움이 된다.

구체적인 작성 방법: 회의자료보고서

회의를 하는 목적(정보공유, 의견수렴, 의사결정)에 따라 다음과 같이 작성한다.

01 정보공유 회의자료

회의하는 목적이 정보공유일 경우 회의자료에는 정보공유 목적(배경), 전달하려는 내용, 향후 활용방안, 보안유지방안 등이 포함되어 있어야 한다. 토론이 생략되는 경우가 있으므로 '전달하려는 내용'은 별도의 설명 없이도 이해할 수 있도록 가능한 상세하게 작성하는 것이 좋다. 우리 사회 전반의 정보화 진전에 따라 단순 정보공유를 위한 회의는 꼭 필요한 경우를 제외하고 가능한 축소시켜 나가는 추세다.

02 의견수렴 회의자료

회의하는 목적이 의견수렴인 경우에는 '다양한 아이디어를 수렴하는 경우'와 '의사결정 전前 단계로써 의견수렴을 하는 경우'로 나누어 회의자료를 준비할 필요가 있다.

브레인스토밍처럼 다양한 아이디어를 수렴하는 경우에는 산만한 진행을 예방하기 위해 회의의 목적과 배경을 분명히 하는 것이 중요하다. 아이디어나 의견을 활발히 제기할 수 있도록 참고자료나 목록을 제공하되 창의적인 분위기를 해칠 수 있는 지침 같은 것은 되도록 자제한다.

　의사결정을 하지 않지만 결정 전 단계로써 의견을 수렴하는 경우에는 내용 구성, 분량 등에서 각각의 입장을 가치중립적으로 작성하는 것이 중요하다. 현재까지의 논의 현황, 쟁점사항, 쟁점별 논거 등을 회의 참석자들이 쉽게 알 수 있도록 작성한다.

03 의사결정 회의자료

회의하는 목적이 쟁점사항에 대해 결정을 내리거나 이견을 조정하기 위한 것이라면 결정대상이 되는 쟁점사항과 논거를 분명히 한다. 또한 쟁점사항에 대해 논의하고 조율해 온 상세한 경위와 관련 기관, 단체 등의 다양한 입장을 담을 필요가 있다. 결정 이후 추진계획과 예상되는 문제점도 같이 소개한다.

NOTE 1

회의자료 보고요령

회의에 앞서 회의자료를 보고할 때는 회의자료(즉 안건)를 사전에 검토한 결과를 포함해서 보고한다. 즉 회의자료보고서만 보고하는 것이 아니라 이에 대한 검토의견을 회의행사계획, 회의에서 언급할 내용 등과 함께 보고하는 것이다. 회의도 일종의 행사이기 때문에 회의자료를 보고할 때는 행사계획 보고요령(168페이지 「행사보고서」 참조)에 따라서 한다. 온라인 보고 시 회의용 행사보고서를 본문으로, 회의자료보고서는 별첨으로 한다.

회의자료보고서 양식과 체크리스트 ❺

('06. 2. 27, ○○○○○, ○○비서관실)

○○○ 회의 자료

(회의를 하게 된 경위)

☐ **회의 목적 (배경)**

o 회의 목적
o 회의 개최 배경 등

> 회의 종류별 점검사항 |
> 〈정보공유회의〉
> · 정보공유 목적(배경), 전달내용, 향후 활용방안, 유의사항(보안유지 등)
> 〈의견수렴회의〉
> · (브레인스토밍 회의 시) 회의 목적, 배경, 참고자료 등
> · (결정 전 의견수렴 시) 논의 현황, 쟁점사항과 논거
> 〈의사결정 관련 회의〉
> · 쟁점사항과 논거, 논의 경위, 이해당사자의 입장

☐ **회의 안건 설명**

o (정보공유 회의 시) 전달하고자 하는 내용
o (의견수렴 회의 시) 논의 목록, 참고자료 등
o (의사결정 관련 회의 시) 논의 현황, 쟁점사항, 향후 추진계획 등

> 전반적인 점검사항 |
> · 회의 성격에 맞는 안건인가
> · 정해진 시간에 논의할 수 있는 회의자료인가
> · 회의가 요구하는 구성요건을 갖추고 있는가

구체적인 작성 방법: 회의결과보고서

회의내용 전체를 기록하기보다는 주요 쟁점사항 위주로 논리 정연하게 정리하는 것이 요점이다. 꼭 발언한 순서대로 정리할 필요없이 주제별로, 발언자별로 회의결과를 정리하는 것도 가능하다. 발언자는 다음에 나오는 양식에서 보는 바와 같이 문장의 앞에(또는 뒤에), 괄호 속에 표시한다.

  작성자의 주관이 들어가지 않도록 제3자적 입장에서 객관적이면서 공정하게 정리하는 것도 중요한 요령이다.

  회의결과보고서에 담아야 할 사항을 정리하면 다음과 같다.

  먼저 '회의 개요'에 ⓐ 회의 목적(필요 시) ⓑ 회의 일시와 장소 ⓒ 회의 안건 ⓓ 참석자(필요 시 배석자 포함)를 기록한다. 그 다음으로 '회의결과'에 ⓐ 논의사항의 요지와 결정사항을 정리한 '회의결과 요약' ⓑ 발언자의 발언내용을 기록한 '회의 발언 요지'를 기록하고, 필요 시 ⓒ '상세한 발언록'을 첨부한다. 특히 회의에서 쟁점사항에 관한 논쟁이나 다양한 발언이 있어 기록으로 남길 필요가 있다고 판단될 경우 반드시 '상세한 발언록' 등을 첨부한다. 이 외에 회의에 참석하지 않은 사람에게 보고를 하거나 회의 참석자라 하더라도 회의 안건을 재확인할 필요가 있는 경우에는 별첨으로 회의안건 자료를 첨부할 수 있다.

회의결과보고서 양식과 체크리스트 ❻

('05.6.23, ○○회의결과, ○○○비서관실)

○○ 회의결과

I. 회의 개요

o 목적 또는 개최 배경(필요 시) :
o 일시 및 장소 :
o 안건 :
o 참석자 :
  * 필요 시 배석자 기록

> · 회의 개최 목적 또는 배경은 명확한가
> · 일시 및 장소는 정확한가
> · 회의 안건은 명확한가(※안건 제목 등 표시)
> · 회의 참석자는 정확한가(※회의주재자 표시)

II. 회의결과

1. 안건 명

□ 논의사항 요지 또는 결정사항 등을 요약·정리

□ 참석자 주요 의견

o (통일부장관) ─────────────
  * 필요 시 이견 등 간략한 발언내용도 기록

※ 조치 필요사항

> · 각 안건별로 결과를 정리하였는가
> · 안건내용을 간단하게 정리하였는가(※필요 시 기록)
> · 논의사항 요지 또는 결정사항을 요약하여 정리하였는가
> · 이견이 있는 경우 이를 명시하였는가
> · 조치가 필요한 사항은 명시하였는가
> · (정책결정권자 불참 회의의 경우) 개별 보고 안건과 요약 보고 안건을 구분하여 작성하였는가

2. 안건 명

※ 별첨: 1. 회의자료
        2. 상세한 발언 요지(필요 시)

> 전반적인 점검사항 |
> · 회의자료는 첨부하였는가
> · 상세한 발언록은 정리하였는가(※쟁점이 있는 경우)
> · 전체적인 작성 방법을 준수하였는가(※발언자 표시요령 등)

회의결과 정리, 이대로 좋은가

그동안 우리는 회의결과 정리를 소홀히 해왔다. 현재 일부 회의의 경우 회의결과 작성 자체가 생략되고 있다. 회의결과보고서가 작성되는 경우에도 기록되는 내용과 양식 등이 제각각이다. 또한 대부분의 회의가 사전에 작성된 회의자료를 바탕으로 진행되기 때문에 참석자의 발언 등 논의 과정에 대한 기록보다는 논의결과를 중심으로 기록되는 경향이 강하다.

이렇게 회의결과가 제대로 기록·보고되지 않는 이유를 요약하면 ① 작성 주체가 불분명 ② 회의기록의 필요성에 대한 인식 부족 ③ 보안문제를 이유로 기록 자체를 생략 ④ 기록하는 데 따른 업무 부담 ⑤ 기록의무를 부과하는 근거 규정 미흡 등이다.

기록관리를 체계화하기 위한 방안

회의결과를 체계적으로 정리하기 위한 방안은 다음과 같다.

원칙적으로 회의를 주최한 측에서 작성한다. 보안이 문제시되면 회의결과보고서에 비밀 등급을 부여하여 관리한다. 중요한 회의결과는 정리·보고하는 것을 원칙으로 하되, 부담을 줄일 수 있도록 융통성을 발휘한다. 즉 회의의 성격과 중요도에 따라 회의결과를 간략하게 작성한다.

회의결과보고서를 의무적으로 작성해야 하는 회의

중요한 이해관계를 조정하거나 의사결정을 하는 회의의 경우 그 기록을 정리·보전해야 한다. 「공공기관의 기록물 관리에 관한 시행령」 제8조 2항에 의하면, 공공기관이 다음 회의를 개최하는 경우에는 회의록을 작성토록 하고 있다.

a) 대통령 또는 국무총리가 참석하는 회의
b) 주요 정책심의 또는 의견조정을 목적으로 차관급 이상의 주요 직위자를 구성원으로 하여 운영되는 회의

c) 차관급 이상 주요 직위자가 참석하는 정당과의 업무협의회의

d) 제7조 제1항 각 호의 1에 해당하는 사항에 관한 심의 또는 의견조정을 목적으로 관계 기관의 국장급 이상 공무원 3인 이상이 참석하여 행하는 회의

〈제7조 제1항 각 호의 1〉

1. 법령의 제정 또는 개정이나 이에 상당하는 주요 정책의 결정 또는 변경
2. 행정절차법에 의하여 행정예고를 하여야 하는 사항
3. 국제기구 또는 외국 정부와 체결하는 주요 조약·협약·협정·의정서 등
4. 대규모의 예산이 투입되는 주요 사업 또는 공사
5. 국가정보원장, 합동참모의장, 육군·해군·공군 참모총장 및 지방자치단체의 장이 정하는 사항
6. 기타 조사·연구 또는 검토서의 작성이 필요하다고 인정되는 사항

e) 국가정보원장, 합동참모의장, 육군·해군·공군 참모총장 및 지방자치단체의 장이 정하는 주요 회의

f) 기타 회의록의 작성이 필요하다고 인정되는 주요 회의

Chapter 5
행사보고서

통상 '행사'는 공공장소에서 일반대중을 상대로 행해진다. 국가적인 행사, 세계적인 행사의 경우 수개월 또는 수년 전부터 준비를 하기도 한다. 비록 작은 행사라도 몇 시간 만에 급조되는 경우는 거의 없다. 그만큼 많은 사람이 참여하여 오랜 기간 준비해야 하는 것이 '행사'다. 이러한 행사를 짜임새 있게 기획하고 준비하기 위해서는 행사보고서 작성이 필수다.

행사보고서는 대통령비서실의 경우가 가장 복잡하고 종합적일 것이므로, 대통령비서실의 사례를 중심으로 소개한다. 대통령 행사를 준비하는 요령을 참고하여 정부부처 장·차관이나 각급 기관장, 기업체 대표 등에 맞도록 적절하게 적용하면 된다.

행사의 '기획부터 진행까지' 함께한다

정부나 지방자치단체, 관공서, 기업, 학교 등에서 각양각색의 행사가 개최된다. 이러한 행사를 기획하고 준비하고 진행하는 데 필요한 보고서가 행사보고서다. 행사보고서는 다시 목적에 따라 행사기획보고서와 행사진행보고서(행사 개요와 말씀자료, 참고자료)로 크게 구분할 수 있다.

행사기획보고서는 행사 개최 여부나 개최 일시와 장소, 행사 목적, 행사를 진행하기 위해 필요한 구체적인 행사 절차 등을 검토하기 위한 보고서다. 행사진행보고서는 정해진 행사의 틀에 맞도록 행사의 핵심 사항인 '행사 개요'와 행사주재자가 참고할 '참고자료'를 보고하기 위한 보고서다.

이것만은 알고 가자

- 행사보고서는 행사주재자를 위한 맞춤형 보고서다
- 행사보고서는 행사를 기획한 의도가 부각되도록 작성한다
- 행사종류별로 준비해야 할 보고서가 다르다

01 행사주재자를 위한 맞춤형 보고서다

행사보고서는 행사 진행에 필요한 모든 내용을 담은 보고서가 아니

라 보고받는 사람을 위한 맞춤형 보고서다.

　행사보고서 작성 시 흔히 범하는 실수는 '핵심 사항 보고' 보다는 '행사 준비내용' 에 지나치게 치중하는 것이다. 즉 행사에 필요한 모든 내용을 행사보고서에 담으려고 해서 양과 부피가 지나치게 많아지는 것이 문제다. 행사 준비는 다수 당사자의 참여로 이루어지는 것이며, 각자 필요한 내용만 숙지하면 된다. 행사보고서를 보고받는 사람은 행사 준비와 관련한 많은 사항들 중 필요한 부분만 보고받으면 될 뿐이다. 예를 들어 대통령은 행사에 참석하여 연설하거나 환담하고 회의를 주재하는 등의 역할을 한다. 따라서 이와 관련된 보고만 하면 되는데, 행사장 약도 등을 넣을 필요가 없다.

　행사보고서는 행사 전체에 대한 윤곽을 행사주재자(수요자)가 이해할 수 있도록 해야 한다. 행사의 주제와 분위기를 파악할 수 있도록 하는 것이 필수다. 그러므로 어떤 사람들이 참석하는지, 행사의 성격은 어떠한지 등을 행사주재자가 알 수 있도록 보고서를 작성한다. 특히 행사장에서 행사주재자가 어떻게 해주었으면 하는지를 명확히 제시해야 한다. 누구를 격려하면 좋을지, 토론은 어떤 방향으로 이끌어가야 할지 등을 구체적으로 요청한다.

02 행사를 기획한 의도가 부각되도록 작성한다

행사는 기획 단계에서 전달하고자 하는 의도가 있으므로 행사보고서는 이를 충실히 반영하여 작성한다. 소위 '자리' 가 마련된 김에 이것저것 끼워넣어 본래 취지가 희석되는 행사보고서 작성은 지양한다. 어떤 토론회 행사가 있다고 가정했을 때 토론 취지와 목적, 토론 방향 등이 사전에 기획되어 있을 것이다. 이때 행사보고서는 행사 개요와 함께 논의자료, 쟁점사항, 토론 참석자에 대한 정보가 가장 핵심이다. 주최 측에 대한 상세한 소개, 행사장에 대한 설명 등은 큰 도움이 안 된다.

03 행사종류별로 준비해야 할 보고서가 다르다

행사의 종류에는 각종 회의, 기념식 참석, 국내외 인사 접견, 국내 방문과 해외순방 등이 있다. 특별한 사유가 없다면 접견의 경우에는 인사말 정도로 간단히 끝낼 수 있다. 그러나 국정과제회의 같은 행사에서는 정책을 발표하기도 하고 정책추진을 점검하기도 한다. 따라서 이때의 행사보고서에는 단순히 회의 일시나 참석자 등만 작성하는 것이 아니라 정책이나 전달할 메시지를 포함시켜야 한다. 반면에 연두교서, 8·15기념식 등 행사에서는 국정운영 방향과 사회적인 메시지를 전달해야 하므로, 이때는 정식 연설문을 작성해야 한다.

보통 행사를 기획하고 원만히 진행하기 위해서는 행사기획, 홍보, 연설, 주관부서 등 여러 부서가 긴밀히 협력해야 한다. 체계적인 협동작업 하에 행사 진행을 위한 회의자료, 접견자료, 연설문 등을 작성한다. 이 외에 방송 인터뷰 자료 등도 있는데, 작성상 큰 차이점은 없다.

구체적인 작성 방법: 행사기획보고서

행사기획보고서는 행사를 기획하기 위한 목적으로 작성되는 내부보고서 또는 행사기획회의용 자료다. 행사기획보고서에는 행사 취지, 추진 배경, 행사 시기, 공개 여부, 전달 메시지, 행사 일정(안), 참석 범위, 기대 효과 등 행사와 관련된 핵심 사항을 담는다.

- 행사 취지: 행사를 개최하는 목적과 전반적인 행사 방향을 설명한다.
- 추진 배경: 행사를 개최하게 된(또는 개최해야 하는) 이유를 적는다.
- 행사 시기: 행사를 어떤 시기에 해야 하는지 행사주재자의 다른 일정과 상황을 고려하여 선정한다. 가능한 여러 시기를 설정하여 장·단점을 비교한 후 최선의 대안을 제시하기도 한다. '7. 27'처럼 특정 일자를 정할 수도 있지만 기획 단계이므로 '8월 초' '8·15 이후'처럼 개략적인 일자만 정할 수도 있다.
- 공개 여부: 행사를 공개로 할 것인지 비공개로 할 것인지를 정하고 그 이유를 설명한다. 공개할 때는 홍보 방법을, 부분 공개할 때는 공개 범위를 판단한다.
- 전달 메시지: 행사를 통해 국민(고객)에게 전달하려는 것을 정리한다. 광고 카피나 신문 제목처럼 간단명료하게 메시지 제목을 뽑는다. 기획 단계에서는 메시지 내용을 한 제목당 2~3줄 정도로 간단히 작성하고 계획 단계에서 메시지 내용을 세부적으로 작성한다.
- 행사 일정(안): 일시(잠정), 장소, 시간계획을 개략적으로 작성한다.
- 참석 범위: 내부와 외부의 주요 참석인사가 누구인지, 그리고 직책 정도

를 나열한다.

- 기대 효과: 행사를 통해 어떤 결과가 나올 것인지를 기술한다.

행사기획보고서는 행사의 실행 여부를 결정하기 위한 목적으로 보고하는 것이기 때문에 구체적인 내용보다는 추진 방향 위주로 간략하게 작성한다. 이때 경우에 따라서는 정해진 양식을 사용할 수도 있다.

구체적인 작성 방법: 행사진행보고서

01 행사진행보고서

행사진행보고서는 행사에 참석하기 전에 행사주재자가 필요로 하는 정보를 제공하는 중요한 보고서다. 행사진행보고서는 회의용·연설용·접견용 등으로 세분화할 수 있다. 세부적으로는 작성 방법에 다소 차이가 있을 수 있으나, 공통적으로 본 보고서인 '행사 개요와 말씀자료[2]'와 붙임자료인 '참고자료'로 구성된다. 이 두 가지를 합한 행사진행보고서의 제목은 통상 '○○○ 행사 개요와 말씀참고자료'로 붙인다. 행사진행보고서는 특별한 언급이 없는 한 회의 행사를 기준으로 설명하고 연설 행사, 접견 행사 등은 변경사항 위주로 설명한다.

2 대통령비서실에서 관행적으로 대통령이 행사 시 발언할 내용을 '말씀자료'라고 불러왔다. 참여정부에 들어 '말씀'이 주는 권위주의적인 어감 때문에 대안을 모색했으나 아직까지 적절한 대체어를 찾지 못해 잠정적으로 그대로 쓰고 있다.

행사기획보고서 양식과 체크리스트 ❼

('06. 6. 16, ○○○○, ○○비서관실)

○○○○○ 행사계획

☐ 검토 배경(또는 관련 지시사항)

1. 목적 및 추진 방향

o

· 행사 목적과 추진 방향이 명확한가

2. 사전 준비사항

o

3. 행사계획

☐ 행사 개요

o 일시 :
o 장소 :
o 주관 :
o 참석 :

☐ 시간계획

시 간	행 사 내 용	진 행

☐ **기대 효과**

　o

4. 추진 방법 검토

☐ **1(안)**

　o

☐ **2(안)**

　o

➪ 1(안)을 건의드림

> · 행사 시기를 결정했는가
> · 공개 · 홍보 여부를 결정했는가
> · 행사에서 전달하고자 하는 메시지가 명확한가
> · 대략의 행사 일정을 수립하였는가
> · 참석 범위는 적절한가
> · 기대 효과가 명확한가

〈사례 2-12〉는 행사진행보고서를 청와대 업무관리시스템인 e知園을 통해 보고한 경우다. 회의 행사의 경우 회의자료보고서를 별첨으로 하면 된다.

02 '행사 개요'의 작성 방법

행사 개요는 행사 명칭, 일시·장소, 행사의 성격과 목적, 주관부서, 참석자, 핵심 메시지, 홍보계획, 진행순서 등으로 구성된다. 행사의 성격을 전반적으로 파악할 수 있도록 보통 1~2쪽으로 짧게 작성한다. 특히 행사주재자가 행사장에서 취해야 할 행동과 직접 관계가 있으므로 행사장의 분위기나 주재자가 행사장에서 해주었으면 하는 것을 잊지 않고 포함시킨다.

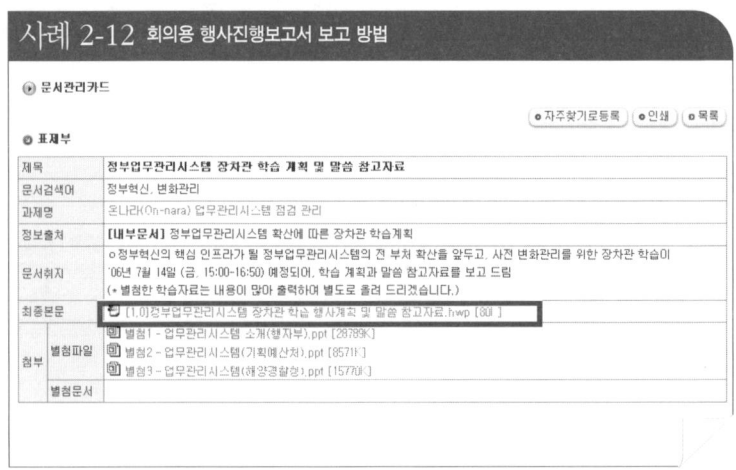

출처: 대통령비서실(「정부업무관리시스템 장·차관 학습계획 및 말씀참고자료」보고서)

- 행사 명칭, 일시·장소: 시간은 분 단위까지, 장소는 행사장 소재지까지 표시한다.
- 행사의 성격과 목적: 행사의 전반적인 분위기를 서술하고 취지, 목적 등을 기재한다.
- 행사 주관부서: 행사를 실질적으로 총괄하는 부서명을 기재한다. 행사와 관련된 '주관·주최·시행·협조·지원' 등 여러 성격의 부서가 있지만 실질적인 사령탑의 역할을 하는 부서를 명시해야 행사 준비상 착오가 없다.
- 참석자: 행사주관자를 중심으로 행사에 참여하는 주요 인사에 대해 기술한다. 기타 참석자는 참석자의 성격과 전체 숫자만 간단하게 표시하되, 주요 참석자에 대한 간단한 약력이나 이력카드는 필요 시 따로 첨부한다.
- 핵심 메시지: '말씀자료'에 상세한 내용이 실리기 때문에 여기서는 핵심 내용만 요약하여 기재한다.
- 홍보계획: 비공개 행사가 아닌 경우 작성한다. 기자들에게 배포할 자료 준비나 브리핑 계획을 담는다. 필요 시 홍보회의를 열어 별도의 상세한 홍보계획을 마련한다.
- 진행순서: 행사순서에 따라 소요된 시간·행사내용·주관자를 표시한다. 현장에서 행사를 진행하는 부서에서는 보다 상세한 진행계획을 만들어 사용한다.

사례 2-13 행사 개요

('05.10.26, 행사 개요 및 말씀자료, 산업정책비서관실)

제3회 대통령 과학장학생 장학증서 친수식 개요

(2005. 10. 27(목) 12:00~13:40, 영빈관)

1. 행사 성격 및 목적

☐ 2005년도 대통령 과학장학생으로 선발된 학생들에게 장학증서를 친수·격려하는 오찬행사

☐ 21세기 과학기술을 선도할 인재양성의 적극적인 지원의지 표명, 우수 청소년들의 이공계 진출 활성화와 과학기술자가 우대받는 사회적 분위기 조성

2. 주관: 과학기술부 (경제정책수석실)

3. 참석인원: 210명 (세부 명단 별첨)

구분	주요참석자
대통령 과학장학생(126)	· 해외장학생 등 제외(총 137명 중)
외부초청인사(49)	· 선배 과학장학생 5명 · 출신고 교장 33명(총 44명 중) · 초청 과학기술인 11명
과학기술부 등(13)	· 과기부총리, 과학재단이사장, 사회자, 행사요원 등
청와대(22)	· 비서실장, ○○○, ○○○, ○○○ 등

4. 핵심 메시지

① **대통령 과학장학생제도**는 청소년에게 꿈과 희망을 주는 우리나라 핵심 인재양성의 모체로 자리매김

- 국가과학영재육성 체계의 **최상위** 영재교육 프로그램으로서 21세기 **과학 한국을 선도하는 중추적 역할을 기대**

② 과학기술인재가 국가경쟁력의 관건

- 세계 일등 인재로 성장할 수 있도록 최대한 지원

③ 과학자들이 사회적으로 존경받는 모델 정립·확산 필요
- 이공계 출신 CEO, 대통령 과학장학생 등의 성공모델 정립 노력 필요

5. 홍보계획

o 보도자료 사전 배포(10. 25, 과기부)

o 온라인 홍보: 과기부 홈페이지 게재

o KBS 등 공중파 방송의 주요 뉴스 시간대에 행사내용 방영 추진 (과기부)

6. 행사계획 : 12:00~13:40(총 100분) ※사회자: 최원정(KBS, 아나운서)

소요시간	진행내용	진행자
12:00까지	대통령님 **내외분 입장**(2층 홀)	
12:00~12:02(2분)	인사말	과기부총리
12:02~12:04(2분)	경과보고	과학재단 이사장
12:04~12:09(5분)	초청 과학기술인·교장 소개	사회자
12:09~12:14(5분)	대통령님 **장학증서 및 메달 수여** (대표학생 4명에게)	대통령님
12:14~12:19(5분)	대통령님 **격려말씀**	대통령님
12:19~12:20(1분)	건배 제의	신희섭 박사 (KIST)
12:20~13:05(45분)	**오찬**	사회자
13:05~13:15(10분)	소감발표 및 당부	초청과학자(1), 선배장학생(1), 과학장학생(2)
13:15~13:25(10분)	대통령님 **마무리말씀**	대통령님
13:25~13:30(5분)	기념촬영장(1층 홀)으로 **이동**	해당자 전원
13:30~13:40(10분)	**기념 촬영**	해당자 전원
13:40	대통령님 **내외분 출발**	마지막 촬영조 전원 환송

출처: 대통령비서실(「제3회 대통령 과학장학생 장학증서 친수식 개요」 보고서)

03 '말씀자료'의 작성 방법

'말씀자료'란 행사장에서 행사주관자가 발언을 통해 전달하려는 메시지를 말한다. 과거에는 행사주관자가 그대로 보고 읽을 수 있도록 대사체 형식으로 작성하는 것이 관행이었으나, 근래 들어 핵심 내용 위주로 간결하게 작성하는 추세다. '말씀자료'가 대사 방식으로 작성되어 있으면 요지를 파악하는 데 시간이 걸릴 뿐 아니라 행사장에서 간편하게 읽어볼 수 없기 때문이다. 특히 읽는 사람의 융통성을 제약하는 면이 있어서 창의력 있게 연설을 하는 경우에는 부적합하다.

행사주관자의 언급이나 지시, 격려가 필요하면 이를 '말씀자료'에 포함시키기도 한다. 예를 들면 "이런 이야기를 해주었으면 좋겠다" "이 사항을 특별히 강조해 달라" "오늘은 이러이러한 내용이 있으니 꼭 격려해 달라" 등을 '말씀자료'에 포함한다.

실제 행사에서는 '말씀자료'를 통해 건의된 메시지보다 정제된 메시지가 나오는 경우가 많다. 행사 직전 관련 비서들이 사전보고를 하는 등 행사주관자가 구상한 메시지를 더 다듬을 수 있는 기회가 있기 때문이다.

'말씀자료'의 분량은 특별히 제한을 두지 않지만, 계획된 행사 시간을 감안하여 작성한다. '말씀자료'는 행사에서 활용하는 보고서라는 측면에서 사무실에서 읽는 정책보고서와 다르다. '말씀자료'는 시각적인 면이 다른 보고서보다 강조되는데, 단번에 내용 파악이 가능하도록 다양한 기법을 사용한다. 즉 글자체, 글자 크기, 자간,

각종 인과관계의 표시(→, ⇒, v, ☞), 특수문자 등을 다양하게 사용하여 강조할 수 있다.

상황에 따라 다소 차이가 있지만 '말씀자료'의 구성 요소는 다음과 같다.

- 행사의 의미: 행사가 갖는 의미를 발굴하여 기재하도록 한다. 매년 반복되는 행사(식목일)라고 하더라도 특별한 의미를 부여('올해가 60돌이 되는 해')할 수 있다.
- 격려와 감사 표시: 행사와 직·간접으로 관련된 사람들에게 감사와 격려 표시를 한다.
- 전달 메시지: 행사를 통해 전달하려는 메시지를 기술한다. 행사 그 자체로도 충분히 메시지를 전달할 수 있고('불우이웃 방문'), 정형화된 연설('삼일절 기념식')을 통해 메시지를 전달할 수도 있다. 비형식적인 현장 발언('공장 방문 중 격려 발언')을 통해 메시지를 전달하기도 한다.

제목만 보아도 내용을 연상할 수 있도록 간결하게 작성한다. 적절한 통계나 역사적인 사례, 격언 등 현장에서 활용할 만한 자료를 제공하는 것도 한 가지 방법이다. 필요할 경우 '말씀자료'의 말미에 이전에 발언했던 내용을 첨부하기도 한다.

회의행사의 경우에는 말씀자료 앞부분에 회의자료에 대한 검토의견을 추가한다.

사례 2-14 행사 말씀자료

('05.7.13. 수, 국민경제자문회의 말씀자료, 경제보좌관실)

참여정부 제3기 국민경제자문회의 말씀자료

(2005. 7. 15(금) 09:30~11:10, 충무실 · 세종실)

1　보고 관련 지시사항

① **자신감과 희망을 주는 자문 당부**(자문위원)
  o 정부의 실효성 없는 정책이나 잘못된 정책에 대한 기탄없는 지적 요망
  o 한편, 경제를 너무 **비관적으로 전망**하다 보면 경제주체들이 **투자와 소비 기피** → 정책 제언과 함께 경제주체들에게 자신감을 줄 수 있는 자문 당부

② **자문회의 기능 강화**(자문회의 사무처)
  o 자문위원 건의사항의 **정책반영 상황**을 주기적으로 점검하고 자문위원에게 통보
  o 소외계층의 의견수렴

2　대외 홍보 메시지

① **부작용 없는 건강한 정책으로 경제 활력 재충전**
  o **신용불량자** 문제와 **카드채** 문제, 금년의 **고유가** 속에서도 욕심만큼 빠르지는 않으나 경기는 **회복기조**로 나아가고 있고 **시장질서** 정착 → 건강한 정책으로 경기회복을 가시화(7. 6 하반기 경제운용 방향)**

  * 국내총생산(%): ('03)3.1→('04)4.6→('05.I)2.7→('05.II)3.4°→(**'05. 하반)4.6°**
  * 도·소매판매(증가율,%): ('04. 상반)△0.4→(하반)△1.3→('05. 2)△1.6→**(3)1.4**→(5)3.8
  ** 공공지출 확대(3.1조 원), 규제합리화로 투자활성화, 서비스산업 경쟁력 제고 등

② 양극화 경향이 해소될 때까지 **동반성장의 정책**을 지속 추진
　ㅇ 경쟁력이 떨어지는 부문에 대해 실태조사를 통해 대책 기 수립
　　→ 정책수요자들이 실감할 수 있도록 실적을 점검, 보완

③ **일자리 창출**: 내수회복, 소득격차 해소, 신용불량 해소, 복지정책 핵심
　ㅇ 금융, 법률, 회계, 컨설팅 등 지식기반 서비스산업 집중 육성
　ㅇ 우리의 미래와 후손을 위해 노사가 한발씩 양보하여 노사화합
　　→ 투자확대 → 고용확대 **선순환 구조**를 정립

④ **대내외 경제여건의 변화에 능동적 대응**
　ㅇ 고유가, 세계경제 통합가속화, 중국과의 격차 축소, 세계적인 부동산 가격상승과 붕괴 가능성 등

붙임 1. 경제정책 관련 대통령님 말씀 기록

출처: 대통령비서실(「국민경제자문회의의 말씀자료」 보고서)

사례 2-15 행사 참고자료

('05. 10. 26, 행사 참고자료, 산업정책비서관실)

제3회 대통령 과학장학생 장학증서 친수식 참고자료

(2005. 10. 27(목) 12:00~13:40, 영빈관)

【목 차】

1. 대통령 과학장학생사업 개요

2. 대통령 과학장학생 진학 현황

3. 국가 장학사업 지원 현황

4. 미국 대통령 장학생 프로그램 개요

5. 인재양성 관련 대통령님 주요 말씀

| 참고 1 | **대통령 과학장학생사업 개요** |

□ 사업 목적

o 21세기를 선도할 창의적이고 잠재력이 풍부한 과학기술 분야의 최우수 고등학생을 선발·육성하여 세계적 핵심 과학자군 양성

- 「청소년 이공계 진출 촉진방안」에서 「대통령 과학장학생」 제도 신설을 확정('02. 7월, 국과위)

□ 사업 개요

o 지원대상

- 국내장학생: 국내 고등학교 3학년생 또는 조기졸업이 가능한 자로 국내 자연계열 대학 입학예정자

- 해외장학생: 국내 고등학교 3학년생 또는 조기졸업이 가능한 자로 해외 우수 자연계열 대학 입학예정자

o 지원기간: 학부 과정 최대 4년까지 지원

o 지원내용(타 장학금과 중복 지원하지 않음)

- 국내장학생: 1인당 연 1천만 원의 장학금 4년간 지급
- 해외장학생: 1인당 연 5만 불 내의 장학금 4년간 지급

□ 선발 현황(보통 당해 연도 1월에 최종 선발)

(단위: 명)

장학생 유형	2003년	2004년	2005년	계
국내장학생	102	132	131	365
해외장학생	8	5	6	19
계	110	137	137	384

참고 2 대통령 과학장학생 진학 현황

☐ 진학대학별 현황

	대학교	2003	2004	2005	합계
국내	■ 건국대학교			1	1
	■ 계명대학교	1			1
	■ 고려대학교	3		1	4
	■ 서강대학교			1	1
	■ 서울대학교	31	38	46	115
	■ 성균관대학교			1	1
	■ 연세대학교	2	8	3	13
	■ 이화여자대학교		1		1
	■ 인하대학교	1	1		2
	■ 중앙대학교	3			3
	■ 포항공과대학교	16	22	28	66
	■ 한국과학기술원	43	61	47	151
	■ 한국정보통신대학교	2		1	3
	■ 한양대학교			2	2
	■ 홍익대학교		1		1
	소 계	102	132	131	365
해외	■ 버클리			1	1
	■ 브라운	1			1
	■ 예일	1	1		2
	■ 일리노이	1			1
	■ 존홉킨스	1		1	2
	■ 카네기멜론	1	1		2
	■ 컬럼비아			1	1
	■ 코넬	1	3	1	5
	■ 프린스턴	1			1
	■ 하버드	1		1	2
	■ 위스콘신			1	1
	소 계	8	5	6	19
	총 계	110	137	137	384

☐ 전공학과별 현황('05. 10 기준)

구분	선정인원	수학	물리	화학	생명	전기전자	기계	건축	기타
2003	110	14	16	9	16	24	5	3	23
2004	137	7	5	10	11	27	2	2	73
2005	137	6	14	12	14	23	3	2	63
합계	384	27	35	31	41	74	10	7	159

〈목차로 돌아가기〉

참고 3			국가장학사업 지원 현황					

사업명	사업 주체	위탁 기관	재원	지원조건	지원내용	시작 년도	2004년도 실적	
							지원액 (억원)	수혜자 (건)
이공계무상 국가장학금	교육부	학술진흥재단 (학진)	정부 예산	고교성적 상위 20% 이내 수능수탐, 과탐 1,2등급 이내	등록금, 생활비 (비수도권) 연1~2백만 원	2003	530	25,346
국비유학 사업	교육부	국제 교육 진흥원	정부 예산	대학 이상 졸업자 중 성적이 80점 이상인 자	미국: 18,200불	1977	24	80
이공계 석·박사 해외취득	교육부	학진	정부 예산	이공계 학사, 석사 중 성적우수자 (학점,논문,영어)	연 3만 불	2003	206	300
대통령 과학장학생	**과기부**	**과학 재단**	**과학 진흥 기금**	**이공계진학생 중 수학·과학 탁월자**	**등록금,생활비 학기당 500만원정액**	**2003**	**48**	**384**
학진 무상장학금	학진	자체 관리	장학 기금	성적(40% 이내) 및 가계곤란자	등록금	1990	48	2,136
사도장학금 ('06, 폐지)	학진	자체 관리	장학 기금	교육대학 재학생	등록금	1990	12	2,406
군 장학생 지원	국방부	자체 관리	정부 예산	졸업 후 초급 장교로 의무복무	등록금	1959	237	10,720
국가유공자 자녀지원	보훈처	자체 관리	정부 예산	국가유공자자녀 및 직전 학기 성적 70점 이상	등록금(국립대:대학 부담, 사립대:반액 보조)	1977	574	22,300
장기복무 군인·자녀 지원	보훈처	자체 관리	정부 예산	10년 이상 복무제대자	등록금 50%	1990	0.24	13
계							1,679	63,685*

* '04년 총 재학생(대학, 대학원) 150.3만 명의 4.2%에 해당

※ **국내 주요 민간장학제도**
 · 삼성 이건희 장학금: 연 100여 명 선발, 약 5만 불/년 지원(과학 분야 중심)
 · 관정 이종환 장학금: 연 해외 100명/국내 350명 선발,
  (삼영화학 창업자) 해외 5만 불/년, 국내 1천만 원/년 지원(전 분야)

〈목차로 돌아가기〉

참고 4 · 미국 대통령 장학생 프로그램 개요

☐ 프로그램 개요
- o 명 칭: The United States Presidential Scholars Program
- o 대 상: 미국 전역 및 해외에 나가 있는 고교졸업 예정자
- o 시상 시기: 매년 6월 말(백악관)
- o 시상 인원('02): 141명(학업우수자 121명, 예능특기자 20명)
 - 50개 주의 대표 남·여 각 1명씩 100명과 워싱턴디시·푸에르토리코 및 국외거주 대표 2명씩 6명, 전국 대표 15명, 예술계 대표 20명
- o 시상 내용: National Recognition Week에 장학메달 수여와 기념행사(재정적 지원은 없음)
 - 가장 영향이 컸던 스승 1명을 지정하여 동 행사에 참여

☐ 선발기준 및 절차
- o 선발기준: 학문·예능적 성취도·논문·지도력·과외활동·성품
- o 선발절차: 대통령 장학생선발위원회가 선정
 - 학업우수자: 약 250만 명 중 SAT(학습능력적성시험) 또는 ACT(대입학력시험)에서 우수한 성적을 거둔 약 2,600명을 후보자로 1차 선발→전국교원위원회가 500명으로 2차 선발→최종위원회 선발
 - 예능특기자: 예능특기자 경연대회인 Arts Recognition & Talent Search Program을 통해 선발

☐ 프로그램 추진 경위
- o 1964년 대통령 행정 명령으로 국가의 우수한 고등학생을 선정·표창하기 위해 동 프로그램을 설치
- o 1979년 예능 분야의 특기자를 동 프로그램 표창 대상자에 추가
- o 1983년 선발된 우수 고등학생의 Distinguished Teacher 1명씩을 National Recognition Week 행사에 초청 시작

〈목차로 돌아가기〉

| 참고 5 | **인재양성 관련 대통령님 주요 말씀** |

☐ **과학기술인 신년인사회**〔'05. 1. 6〕
대학교육, 특히 이공계 대학교육이 소위 선진과학기술 한국을 뒷받침할 수 있도록, 또 과학기술산업을 뒷받침할 수 있도록 최선을 다할 생각이다.

☐ **2005년 신년기자회견**〔'05. 1. 13〕
기술혁신의 바탕은 인재를 키우는 것입니다. 대학의 혁신이 필요합니다. 현장의 수요에 맞게 교육 과정을 개편하는 것은 물론 강점이 있는 분야는 중점 육성하고 취약한 부문은 스스로 구조조정해서 경쟁력을 높여나가야 합니다.

☐ **제8기 국가과학기술자문회의 제2차 자문보고 시**〔'05. 3. 29〕
우리나라 대학이 교육에서 연구 중심으로 성장을 했는데 연구 중심에서 성장한 그 내용을 지속 발전시키는 것도 중요하지만 앞으로 산업지원 기능을 좀 더 강화하는 게 필요하다.

☐ **'참여정부 2년 6개월, 대통령에게 듣는다' 발언내용**〔'05. 8. 25〕
대학 졸업한 사람들이 와 가지고 2년을 가르쳐야 겨우 써먹을 수 있다. 바로 데려다 바로 쓸 수 있게 대학교육 내용을 바꾸자, 첨단인력은 연구인력으로 그것은 그것대로 또 키우지만 또 직장에, 현장에 바로 투입할 수 있는 인력을 키우자, 대학교육을 전부 바꾸고 있습니다. 그래서 대학교육 특성화 프로그램이 가고 있습니다.

〈목차로 돌아가기〉

출처: 대통령비서실「제3회 대통령 과학장학생 장학증서 친수식 참고자료」보고서〕

04 '참고자료'의 작성 방법

참고자료는 '행사계획'이나 '말씀자료'에 포함하기에는 너무 상세하거나, 행사 진행에 직접적인 관련은 없지만 참고할 필요가 있는 경우에 첨부하는 자료다. 행사주관자가 궁금하게 생각할 수 있는 모든 관련 사항을 참고자료로 작성한다.

과거 회의에서 논의된 동일 주제에 관한 발언록과 지시사항, 개인이력카드, 과거 회의결과보고서, 관련 정책의 추진 상황이 이에 해당된다. 앞에 나온 〈사례 2-15〉를 보면 다른 나라의 과학장학생제도, 그동안 장학수혜자의 진로 등 행사 성격을 보다 잘 이해할 수 있는 자료들로 구성되어 있음을 알 수 있다.

〈사례 2-16〉은 개인이력카드를 첨부한 경우다. 참석자 이름과 개인이력카드를 하이퍼링크로 연결하면 컴퓨터가 연결된 상태에서 사용자가 필요 시 쉽게 참조할 수 있다.

05 연설용 행사진행보고서의 작성 방법

연설을 통해 메시지를 전달하는 행사의 경우 '말씀자료'에 해당하는 부분에 '연설문'을 작성하는 것을 제외하고는 동일하다. 연설문은 연설자(수요자)가 직접 작성하는 경우도 있으나, 연설 관련 부서에서 주로 작성한다(〈사례 2-17〉 참조). 또한 연설문 작성 전담부서가 있어도 행사 주관부서에서 '핵심 메시지'나 연설 참고자료를 제공

사례 2-16 행사 참고자료(인적사항과 개인이력카드 첨부 사례)

[별첨] 국민경제자문회의 참석자 및 개인인적사항 카드

☐ 참석자 상세내역(굵은 글씨는 신임위원)

구분	인원	대상	
의장		대통령님	
민간위원	위촉위원 (24)*	부의장	**어윤대** 고려대 총장
		거시경제	**심훈** 부산은행장 **전성빈** 서강대 경영학과 교수 이종화 고려대 경제학과 교수
		금융허브	**하성근** 연세대 경제대학원장 **최운열** 서강대 경영대학원장 최흥식 금융연구원장 이창용 서울대 경제학부 교수
		물류 · 경제 자유구역	**홍승용** 인하대 총장 **김명수** 순천대 경영통상학부 교수 **이부경** (주)시스네트 부사장
		산업 · 통상	박용성 대한상공회의소장 김용구 중소기업중앙회장 ○○○ ◎◎ 연구원장
		대외경제	김재철 무역협회장 **이경태** 대외경제정책연구원장 **안세영** 서강대 국제대학원장
		복지 · 노동 환경	**윤서성** 환경정책평가연구원장
		부동산	**하성규** 중앙대 도시학과 교수 이규방 국토연구원장 **조주현** 건국대 부동산학과 교수 **장영희** 서울시정개발연구원 연구위원
		외국경제인	Chumley 주한미국상공회의소 회장 Takasugi 서울일본클럽 회장
	지명위원(2)	한국은행 총재, KDI 원장	
정부위원	당연직 위원(5)	경제부총리, 기획예산처 장관, 대통령 비서실장, 정책실장, 경제보좌관	
	지명위원 (6)	산자부장관, 건교부장관, 국무조정실장, 정책기획위원장, 경제정책수석, 사회정책수석	
총계	38		

성명	○ ○ ○ (54, 남)	사진
회의 참석자격	국민경제자문회의 민간 위촉위원	
주요 현직	2004 現 ○ ○ 연구원 원장	
전문(활동)분야	산업 관련 제도 및 산업경쟁력	

정책현안 관련 입장	· 부품·소재산업의 육성
	· 산업혁신역량의 강화
	  (기술혁신을 통한 총요소생산성 증대)
	· 글로벌 네트워크 확충을 통한 산업경쟁력 강화
	  (해외투자 및 외국인투자 유치 활성화)	

주요 학력	· 1974 OOO대 경제학과 · 1981 미국 OOO대 경제학석사 · 1985 미국 OOO대 경제학박사	
주요 경력	· 2004 現 국민경제자문회의 위원 · 2004 現 대통령자문 정책기획위원회 위원 · 2004 現 국가균형발전위원회 위원 · 2004 現 통신위원회 위원	
주요 저서 논문·칼럼	· Deindustrialization: Theory and Its Evidence in Korea · 한국산업의 지식경쟁력 강화방안 · 세계일류기업과의 전략적 제휴 외 다수	
특기사항	없음	

출처: 대통령비서실(「국민경제자문회의 개요」 보고서)

사례 2-17 연설행사 시 '행사 개요'

('06.2.27, 제87주년 3·1절 기념식 행사 개요, 사회정책비서관실)

제87주년 3·1절 기념식 행사

【 행사 개요 】

【 말씀참고자료 】

※ 말씀참고자료는 연설비서관실에서 별도로 보고드릴 예정입니다.

('06. 2. 27, 제87주년 3·1절 기념식 행사 개요, 사회정책비서관실)

제87주년 3·1절 기념식 행사 개요

('06. 3. 1(水) 10:00~10:40, 세종문화회관)

1. 행사 성격 및 목적

o 제87주년 3·1절을 맞이하여
- 국권회복을 위해 민족자존의 기치를 드높였던 선열들의 위업을 기리고
- 3·1독립정신인 자주·자강, 화합·평화의 정신을 계승·발전시켜 국민 대통합을 이루고자
- 온 겨레가 함께하는 뜻깊은 기념행사를 거행하려는 것임

2. 행사 주관

o 행정자치부(사회정책비서관실)

3. 주요 참석 대상자: 약 3,000명

구분	참석 대상
청와대 (11명)	- 대통령비서실장, 정책실장, 안보정책실장 - 경제·사회·혁신관리·시민사회·홍보·인사·안보정책수석 및 경제보좌관
주요 초청대상 (약 3,000명)	◆ 재경 광복회원 및 국가유공자 ◆ 3부요인 및 헌법기관장 등 차관급 이상 인사 ◆ 정당대표, 사회 각계대표, 청소년대표 ◆ 인터넷신청 국민참여자, 농어민·근로자대표 등

4. 홍보계획

o KBS 주관으로 생방송(MBC, SBS, YTN 중계방송)
o 풀기자단 취재(보도지원)

('06.2.27, 제87주년 3·1절 기념식 행사 개요, 사회정책비서관실)

5. 세부 진행순서

구분	시간	진 행 내 용
	09:55	○ 단상인사 입장
1. 대통령 내외분 도착·입장	09:58	○ 영접: 행자부장관, 서울시장
2. 개식선언 및 국민의례	10:00 (07´)	○ 사회자: 신동진 아나운서(MBC) 팡파르 연주(군악대) ○ 국기에 대한 경례 ○ 애국가 제창(1~4절) ○ 순국선열 및 호국영령에 대한 묵념
3. 영상물 상영	10:07 (02´)	○ 「세계속으로 비상하는 3·1정신」
4. 행사곡	10:09 (03´)	○ 제목: 「솔아솔아 푸르른 솔아」 (이화여고 합창단)
5. 독립유공자 포상	10:12 (05´)	○ 포상수상자 대표 5명에 대한 친수 (유족 4명, 생존자 1명)
6. 기념사	10:17 (10´)	○ 대통령님 기념사
7. 독립선언서 낭독	10:27 (07´)	○ 광복회장(김국주) - 쉬운 우리말로 바꾸어 낭독
8. 「3.1절 노래」 제창	10:34 (04´)	○ 3·1절 노래 - 참석자 전원 태극기 들고 제창
9. 만세 삼창	10:38 (01´)	○ 국회의장 선창 - 참석자 전원 태극기 들고 만세(후창)
10. 폐식선언 및 대통령 내외분 퇴장	10:39 (01´)	○ 환송: 행자부장관, 서울시장

※ 기념식을 서울 지역에서 거행할 경우 서울시장을 초청함

〈목차로 돌아가기〉

출처: 대통령비서실「제87주년 3·1절 기념식 행사 행사계획」보고서

사례 2-18 연설행사 '말씀자료(연설문)'

보고일자: 2006. 2. 23(목)
행사일자: 2006. 3. 1(수)

제87주년 3·1절

기 념 사

(6분)

- 일　시: 2006. 3. 1(수) 10:00~10:40
- 장　소: 세종문화회관
- 참석자: 광복회원, 국가유공자, 각계 대표 등 3,000명
- 식　순: 영상물 상영 → 유공자 포상 → **대통령님 기념사**
　　　　→ 독립선언서 낭독 → 3·1절 노래 → 만세 삼창
※ KBS, MBC, SBS, YTN 생중계 예정

연 설 비 서 실
(안보정책비서실)

존경하는 국민 여러분,
독립유공자와 내외귀빈 여러분,

여든일곱 번째 3·1절을 매우 뜻깊게 생각합니다.

기미년 오늘, 우리의 아버지·어머니, 할머니·할아버지들은 나라를 되찾기 위해 맨주먹으로 일어섰습니다. 자주독립과 민족자존이란 대의 앞에 목숨을 걸고 총칼에 맞섰습니다.

삼천리 방방곡곡을 뒤흔든 대한독립 만세소리는 어떠한 압제에도 굴하지 않는 우리의 독립의지를 세계만방에 떨쳤으며, 억압받던 민족혼을 다시 일깨웠습니다. 독립을 갈구하는 세계 약소민족들에게 희망의 등불을 밝혔습니다.

이러한 3·1운동의 위대한 정신은 상해 임시정부 수립으로 이어졌고, 나라 안팎의 독립투쟁을 더욱 뜨겁게 했습니다. 그리고 마침내 우리는 나라를 되찾았습니다.

조국 광복을 위해 헌신하신 애국선열들께 머리 숙여 경의를 표하며, 유가족과 독립유공자 여러분께 깊은 존경과 감사의 말씀을 드립니다.

국민 여러분,

작년 3·1절에 저는 "한·일 두 나라가 진실과 성의로써 과거사의 앙금을 걷어내고 진정한 화해와 협력의 길로 나가자."고…

(후략)

출처: 대통령비서실(제87주년 3·1절 기념식 연설문)

하거나 연설문 초안을 작성해 주는 경우가 종종 있다. 연설문은 단순히 문장을 잘 쓰는 것이 중요한 것이 아니라, 핵심 내용을 오해 없이 전달하는 것이 무엇보다 중요하기 때문이다(《사례 2-18》 참조).

링컨 대통령은 연설문을 작성할 때 수십 번 직접 고쳐쓰곤 했다고 한다. 오늘날 같은 멀티미디어시대에 연설문은 2백 년 전보다 훨씬 중요할 수밖에 없다. 연설문은 대부분 단번에 완성되지 않고, 통상 연설자와 작성자 간에 여러 번의 교감을 거쳐 완성된다.

06 접견용 행사진행보고서의 작성 방법

'접견'은 공식적으로 사람을 만나는 것이다. 각종 임명장 수여식 후 접견, 외교사절 접견 등 다양한 형태가 있다. 접견은 회의에 비해 논의 주제가 특별히 정해지지 않는 경우가 많아서 행사계획 수립이 쉽지 않다. 접견 시 '행사 개요'는 예방자禮訪者를 중심으로 작성하는 것이 특징이다. 참석자의 경우 예방자를 중심으로 작성하고, '일정'도 예방자의 다른 주요 일정을 기록한다.

접견행사의 '말씀자료'는 상대방이 제기할 관심사항과 우리 측이 제기할 관심사항을 중심 내용으로 작성한다. 화제로 삼을 만한 사항을 발굴하는 것도 중요하다. 예컨대 이전에 방문한 경험이 있는지 여부, 이곳을 방문한 목적, 방문자의 일정 중 특이사항, 최근 활동상에 대한 문의 등이 있다.

사례 2-19 접견행사 시 '행사 개요'

「○○○○」0000 외교장관 접견 개요

(2005. 10. 31(월) 09:00~09:30, 2층 접견실)

1. 행사 목적

o 0000을 비롯한 아랍권과의 유대감 및 협력 강화

- 「○○○○」장관은 0000 외교장관으로서 최초 방한

o 중동평화 정착 이후 對0000 재건지원 본격화 시 우리 기업의 참여 기반 조성

2. 주 관 : ○○○

3. 참 석 자

o 예방자(전열 5명)

연번	성명 및 현 직위	성별	연령	비고
1	「0000」 외교장관	男	52세	訪韓 사실없음
2	「00」 외교부 차관보	男	44세	
3	「00」 주한 0000 대표	男	48세	
4	「000」 외교부 아주국장	男	-	
5	「000」 외교부 국제협력과장	女	-	

o 배석자(6명): 외교장관, ○○○, ○○○, ○○○, ○○○, ○○○

4. 방한 개요

o 방한 경위
- 우리 외교장관의 초청에 의한 방한
  ※ '05. 6월 반기문 외교장관의 ㅇㅇㅇㅇ 방문에 대한 답방 성격
  ※ 한국 단독 방문

o 주요 방한 일정

10.30(일)	07:05	着 韓
	19:00~20:30	외교장관 주최 만찬
10.31(월)	09:00~09:30	대통령님 예방
	10:00~11:00	외교장관 회담
	13:30~14:30	중동 정세 강연(장소: 외교안보연구원)
	17:30~18:00	KOICA 총재 면담
	19:00~20:30	KOICA 총재 주최 만찬
11.1(화)	10:30	離 韓

※ 첨부 : 「ㅇㅇㅇㅇ」 외교장관 약력   끝.

「○○○○」0000 외교장관 인적사항

성 명	○○○ ○○○○	사 진
연 령	52세(○○○○. ○. ○○生)	
학 력	1979 ○○○ 대학 치과대 졸업	
주 요 경 력	1969　　　'00' (0000 정치조직) 가입 1974　　　0000 학생총연맹 집행위 (0000) 위원 및 위원장 1975~현재　0000 국가위원회(000) 위원 1989~현재　'00' 혁명위원회 위원 1999~현재　0000 중앙위원회 위원 1991~2005　주유엔대사 2005. 2. 24　외교장관	
가족관계	부인과 2자녀 0000 前수반의 조카	
방한기록	없 음	

출처: 대통령비서실, 「0000 외교장관 접견 개요」 보고서

사례 2-20 접견행사 시 '말씀자료'

「○○○○」외교장관 접견 말씀자료

1. 최초 외교장관 방한 환영 / 「○○○」수반의 평화재건 노력 평가

※ 「oooo」前수반 서거('04.11.11) 후 온건 성향의 「ooo」지도부 출범(1.15) → 對0000 테러공세 중단 등 유화정책 전개 → 0-0간 2차례 정상회담(2. 8 / 6. 21)
- 0000 「oo」총리 新연정 구성(1.10) → '0' 무장세력 표적살해 중단, 수감자 석방 등 우호조치 확대

2. 0000-0000 대화지속 및 평화정착 기대

○ 4자 중재(쿼르테트: 미·러·EU·UN) '중동평화 로드맵'의 조속한 이행을 통한 0000 독립국가 건설 기대

※ 최근 0-0 관계
- '05. 2. 8 '0-0 중동평화 정상회의' 개최, '0'-'0' 간 4년만에 대화 재개, 양측 폭력종식 및 평화회담 재개 합의
- '05. 6. 21 '0'-'0' 정상회담, '0' 측의 주요 요청(죄수 추가석방 등)에 대해 '0' 측 양보 불가 입장으로 합의 실패
- '05. 8. 15~23 0000측 '분리계획' 시행: oo 총리는 국내 극우파 저항에도 불구, 0지구 전역 및 0 서안지구 일부(4개)에서 0000 정착촌 철수('0' 측은 0 서안지구 전역 철수 요구)

※ 미·러·EU·UN 중재 3단계 「중동평화 로드맵」('03. 4)

단계		내 용	
1단계 (즉시이행)	0	·對0000 테러 중단 ·테러조직 척결 ·新헌법 마련 및 민주적 總·大選 실시	0	·'00. 9월 이전 상태로 철군 ·정착촌 신규 건설 동결 ·'0' 독립국 주권 인정
2단계 ('03.6~12)		·0000 신헌법 발표 및 임시 국경선 확정 ·국제사회의 '0' 독립국 승인		
3단계 ('04~'05)		·국제사회 지원하 0·0간 협상 → 국경·난민귀환·정착촌 철수 ·0000 문제 등 최종지위협상 타결 → '0' 독립국 수립		

- 0000과 보안장벽 건설을 둘러싼 갈등 재연으로 '03. 9월 이래 로드맵 이행 협상 전면 중단

3. 駐0000 대한민국 대표사무소 개설

o 한-0 외교장관 회담(6.24) 합의에 따라 주0000 대표사무소 업무 개시(8.8)

  ※ 10. 24 000 소재 우리 대표사무소 운영 개시
  - '0' 측은 일본 주재 '0' 대표부가 겸임
  - 우리나라는 0000 자치정부를 0000의 유일한 합법 대표기구로 인정('05. 6. 24 일반 대표부관계 수립)
  - 0000은 '66. 4월 이래 00에 000 사무소 유지

4. 양국간 실질협력 증진 기대

o 최근 교역증대 환영, 평화정착 시 더욱 강화 기대

  ※ 교역 규모: '02(86만 불) → '03(192만 불) → '04(456만 불)
  - 금년 9월 현재 수출은 558만 불, 수입은 230만 불 기록
  ※ 우리의 對0000 투자: 없음

//끝//

출처: 대통령비서실(「0000 외교장관 접견 말씀자료」 보고서)

회의와는 달리 접견은 소규모로 이루어지고 정식 회의장이 아닌 응접 형식의 공간에서 이루어지는 경우가 많다. 그래서 노트북을 설치하거나 A4용지로 작성되어 있는 행사 개요와 말씀참고자료를 출력해서 사용하기 어려운 경우가 많다. 실제 접견장에서 손쉽게 활용 가능한 형태의 것이 '말씀카드'다. 특히 말씀카드는 대통령의 해외 순방 행사에서 많이 사용되고 있는데, 이는 해외순방이 수많은 접견 행사로 구성되기 때문이다. 말씀카드는 '말씀자료'의 핵심 내용을 재구성한 것으로 기억을 되살려주는 역할을 한다.

말씀카드는 노무현 대통령의 아이디어로 시작되었다. 이와 비슷한 말씀카드를 러시아의 푸틴 대통령도 사용하고 있다는 점이 흥미롭다.

사례 2-21 말씀카드

대통령 과학장학생 장학증서 친수식 말씀카드

(2005. 10. 27(목) 12:00~13:40)

■ 제3회 대통령 과학장학생 장학증서 친수식 개요

o 행사 성격: 장학증서를 친수하고 격려하는 오찬행사
o 참석자: 총 210명 내외
  · '05년(3회) 대통령 과학장학생: **126명**
  · 외부 초청인사: **49명**(선배 장학생 5, 출신고 교장 33, 초청 과학자 11)
  · 과기부 등 13명, 청와대 22명
o 행사진행
  · 부총리 인사말→경과보고→**증서 수여**→**격려말씀(5분)**→건배 제의→ 오찬→발표(당부, 소감, 포부)→**마무리말씀(10분)**→이동→**기념촬영**

【말씀자료 목차】

1. 대통령 과학장학생제도는 최상위 영재교육프로그램

2. 과학기술 인재육성이 국가경쟁력 좌우

3. 참여정부의 과학기술 중시 정책

4. 과학자들이 존경받는 사회적 모델 정립 · 확산 필요

1. 대통령 과학장학생제도는 최상위 영재교육프로그램 ①

o 우리나라 **핵심 인재양성의 모체**로 자리매김
o 동 장학제도의 개요
  - **지원실적**(1회 '03~3회 '05): **총 384명**(국내 365, 해외 19)
    · 제3회('05): 총 137명(국내 131, 해외 6)
  - 지원내용: **1인당 연 1천만 원(해외 5만 불 이내) 4년간** 지급
  ※ **미국**: 1964년부터 대통령 장학생프로그램 운영(141명/년 선발)

(후략)

출처: 대통령비서실,「대통령 과학장학생 장학증서 친수식 말씀카드」

행사진행보고서 양식과 체크리스트 ❽

('06. 6. 16. 금, 서면보고, 업무혁신비서관실)

○○○○○ 행사계획 및 말씀자료

☐ 추진 배경(또는 관련 지시사항)

1. 행사 개요

> · 행사 개최 목적 또는 배경이 기록되었는가
> · 일시 및 장소는 정확한가
> · 회의 안건은(회의 안건이 필요한 행사 시)무엇인가
> · 행사 참석자 중 외부인사의 인적사항카드는 준비되었는가
> · 홍보 방식에 대한 협의는 완료했는가

〈 회의 행사일 때 〉
o 명칭, 개최 일시 및 장소
o 회의의 성격과 목적
o 회의 주관부서(비서실 내 회의 주관부서)
o 주요 참석자(외부 참석자 중심으로 기술)
o 핵심 쟁점 및 토론과제(제목만 기재)
o 홍보계획(비공개 행사일 경우 생략해도 무방)
o 회의 진행순서

〈 접견 행사일 때 〉
o 행사의 명칭, 개최 일시 및 장소
o 접견 목적: 접견 대상자를 만나야 하는 이유와 목적
o 주관부서(비서실 내 주관부서)
o 참석자(예방자, 배석자로 나누어서 기재)
o (방한 인사일 경우) 방한 개요
 - 방한 목적 및 방한 경위(초청 주체 등)
 - 방한 일정 및 주요 면담자
  ※대통령 예방 前면담자와의 주요 대화 내용 별첨할 것

o (국내 인사일 경우) 접견 목적과 관련된 주요 활동 개요
 - 관련 기고, 주요 발언, 활동 내역 등

〈 기타 행사일 때 〉
o 행사의 명칭, 개최 일시 및 장소
o 행사의 성격과 목적
o 행사 주관부서(비서실 내 행사 주관부서)
o 주요 참석자(외부 참석자 중심으로 기술)
o 주요 행사 내용
o 홍보계획(비공개 행사일 경우 생략해도 무방)
o 진행순서

행사진행보고서 양식과 체크리스트 ⑧

2. 말씀자료

> · 말씀자료를 간단하게 정리하였는가(2쪽 내)
> · 대화체가 아닌 핵심 내용 중심으로 작성되었는가
> · 각종 통계는 잘 정리되었는가
> · (회의 시) 결정되어야 할 사항에 대해 잘 정리되었는가
> · 핵심 메시지를 잘 부각하였는가

〈 회의 행사일 때 〉

o 보고자에게 반드시 해야 할 지시 또는 대통령께서 꼭 해주셔야 할 말씀에 대한 주문사항
o 대외홍보를 위해 필요한 메시지   ※공개 행사일 경우에만 해당
o 토론을 통해 대통령의 지침을 받아야 하는 회의의 경우, 핵심 쟁점 정리

> * 말씀카드 |
> · 말씀카드가 필요한 회의인가
> · 너무 많은 내용을 담고 있지는 않은가
> · 전체적인 작성 방법을 준수하였는가

〈 접견 행사일 때 〉

o 국외인사 접견용
 - 화두話頭로 삼을 만한 사항(대통령님과 과거 접견 사례, 접견 대상자의 방한 목적, 한국과의 관계, 과거 방한 경험 등)
 - 접견 대상자 및 우리 측 관심사항
 - 대통령께 꼭 당부드릴 사항(외국 정상에 대한 안부 등)
o 국내인사 접견
 - 접견의 목적 및 면담 주제를 중심으로 대통령께서 꼭 하셔야 할 말씀
 - 대통령께 꼭 당부드릴 사항

〈 기타 행사일 때 - 연설문이 있는 경우 〉

o 연설문 제일 앞 페이지에 행사에 대한 간략한 개요 기술
o 연설 원고

〈 기타 행사일 때 - 연설문이 없는 경우 〉

o 참석자들에게 꼭 하셔야 할 말씀이나 대통령께 대한 요청사항
o 대외홍보를 위해 필요한 메시지

> 참고자료 |
> · 필요한 참고자료가 작성 · 첨부되었는가

기타 보고서 작성요령

앞에서 설명한 정책보고서, 상황·정보보고서, 회의보고서, 행사보고서 외에도 일상적으로 많이 사용되면서 특성이 조금씩 다른 보고서가 있다. 이 중 몇 가지에 관해 유의해야 할 점을 따로 정리해 본다.

1. **강연자료·연설문**
   ① 대뜸 초안부터 써들어가지 마라.
      - 먼저 관련 자료를 찾아서 소화하라.
      - 당신이 만든 메시지를 어떻게 전할 것인가 생각하라.
   ② 당신 고유의 언어(your own word)로 써라.
      - 당신이 그 내용을 소화했다면 당신의 언어로 쓸 수 있을 것이다.

2. **언론 인터뷰, 질의답변 자료**
   ① 절대 한 장을 넘어가지 마라.
      - 불가피하게 한 장이 넘어가는 경우 자세한 내용을 참고자료로 빼라.
   ② 꼭 전달해야 할 메시지 2~3개만 분명히 하라.
      - 너무 많은 메시지를 담으려고 하지 마라.
   ③ 가급적 쉬운 말인 구어체 용어를 써라.

3. **심사보고서·의결서 등 법률 문서**
   ① 육하원칙에 충실하라.
   ② 사실관계에 법규정을 적용하는 과정과 논리를 분명하게 설명하라.
      - 대부분의 심사보고서나 의결서는 사실관계(Fact)와 결론(Conclusion)만 있고 법의 천명(Rule Statement)과 법 적용(Application)이 빠진 경우를 종종 본다.
      ※ 법원의 판결이나 공정위의 심결은 공히 ㉠ 사실관계 → ㉡ 법의 천명 → ㉢ 법 적용 → ㉣ 결론 등 4가지 부분으로 이루어짐

기타 보고서 작성요령

③ 성급하게 결론으로 뛰어들지 마라.
  - 어떤 판단을 내릴 경우에는 반드시 그 근거를 논리적으로 자세하게 밝힌다.
    ※ 결론을 맨 나중에 제시하라는 뜻은 아님
④ 법 적용의 4가지 핵심 과정(Fact, Rule, Application, Conclusion)에 해당하는 사항들은 당사자가 알고 있어도 생략하지 말고 다 써주라.
  - 심사보고서나 의결서는 당사자만 보는 것이 아니다.

    예) 관련 상품의 특성, 관련 시장의 상황과 의미, 유사 사건의 과거 판례, 심결례와 외국 판례 등

⑤ 적용 법조항을 써줄 때 법조문만 그대로 옮겨 적지 말고 구성요건을 분해하여 제시하라.
  - 법의 천명인 경우 법조문을 그대로 옮겨적고 마는 경우가 대부분인데, 이는 법의 천명이 아니다.
  - 위법행위가 성립되기 위해 필요한 구성요건(Element)이 하나하나 분해되어 제시되어야 한다.
⑥ 사실관계를 분석하여 그 결과를 하나하나 구성요건에 조화시켜라.
  - 법의 적용은 사실관계를 분석하여 위법행위 구성요건에 각각 들어맞는다는 것을 입증하는 과정으로써 심결의 핵심 과정인데, 이 부분이 엉성한 경우가 종종 있다.
⑦ 의결서의 경우, 결론과 그러한 결론을 내린 근거를 자세히 밝힌 다음 피심인의 주장에 대해서도 조목조목 분석한 의견을 써주라.
  - 양측(심사관·피심인)의 주장을 잘 정리해서 써주는 것만으로도 의결서의 질이 많이 올라갈 것이다.

⑧ 용어를 일관되게 사용하라.
  - 중요한 의미가 있는 개념에 대하여 한 문서 내에서 뚜렷한 이유 없이 비슷한 용어를 이것저것 섞어서 쓰지 마라.

    예) 재벌/대기업 집단, 경제력집중억제시책/대기업집단정책/대기업정책, 회계투명성/경영투명성, 기업구조개혁/기업구조조정

  - 반면에 일반적인 수식어의 경우 한 문단과 페이지 내에서 같은 어휘를 반복적으로 사용하지 마라.

출처: 공정거래위원회 한철수 경쟁정책본부장 작성자료

PART 3 | 현장 탐방

1·2부에서는 일반적인 보고서 작성법에 대해 소개했다.

3부에서는 대통령비서실이 어떻게 일하는지를

보고서 작성과 유통 과정을 중심으로 소개한다.

1장에서는 대통령비서실에 대한 간단한 소개와 함께

보고서 혁신이 왜 시작되었고,

일하는 방식이 어떻게 바뀌었으며,

국정운영시스템으로 정착되기까지의

과정은 어떠했는지를 다룬다.

2장에서는 각 비서관실을 실무적으로 움직이는

행정관들의 구체적인 사례를 통해 보고서를 중심으로

실제 업무가 어떻게 이루어지고 있는지를 다루고자 한다.

대통령 비서실의 일하는 법

Chapter 1 대통령비서실 업무체계
– 국정운영시스템이 정착되기까지

'**청**'와대', '대통령비서실'을 모르는 사람은 거의 없지만 구체적으로 일하는 모습에 대해서는 상대적으로 잘 알려져 있지 않다. 참여정부에 들어 청와대가 대폭 개방되긴 했지만 대통령비서실은 업무상 관계자만 출입이 가능한 관계로 '국정운영의 사령탑'이 어떻게 작동되는지 일반인은 알기 어렵다.

이러한 연유로 짧은 지면이지만 대통령비서실 업무가 어떻게 이루어지는지, 그리고 업무혁신을 통해 탄생한 새로운 국정운영시스템이 어떻게 작동하는지, 보고서 혁신이 어떻게 이루어지고 있는지 등을 소개하려고 한다.

대통령비서실의 이모저모

01 대통령비서실은 어떤 곳인가

대통령비서실은 국가원수이자 행정부의 수반이며 국군통수권자인 대통령을 직접 보좌하기 위한 기관이다. 행정구역으로는 '서울시 종로구 세종로 1번지 http://www.cwd.go.kr/cwd/kr/'이고, 가까운 지하철역은 경복궁역이다. 대통령경호실 등 다른 대통령 직속기관까지 포함하여 이 지역을 '청와대'라고 부른다. 이름은 본관 지붕의 기와 색깔이 청색인 데서 유래했다. 청와대 뒷산은 북악산北岳山인데, 그 옆에 있는 인왕산仁王山으로 잘못 아는 경우가 종종 있다. 청와대 내 주요 건물로는 우선 대통령이 집무하는 본관과 가족이 머무는 관저가 있다. 청와대 경내 관람을 신청하면 기자회견 장소인 춘추관, 각종 야외행사가 펼쳐지는 녹지원, 외빈 접견 등에 이용하는 상춘재를 거쳐 큰 규모의 손님맞이에 이용하는 영빈관 등을 보고 본관을 배경으로 사진도 찍을 수 있다.

비서실을 한번이라도 방문해 본 적이 있는 사람이라면 잘 알겠지만, 비서실이 있는 3개의 건물인 여민 1, 2, 3관 지역은 매우 비좁다. 그래서 일부 부서는 세종로 정부종합청사와 삼청동 지역에 사무실을 두고 있다.

대통령비서실에는 비서실장을 기관장으로 하여 정책실장, 안보실장 등 3명의 장관급 실장이 있다. 그 아래로 차관급인 수석비서관이 8명, 수석비서관과 같은 급인 보좌관(경제·정보과학기술)이 2명 있

참고 3-1 대통령비서실 기구표(2007년 6월 현재)

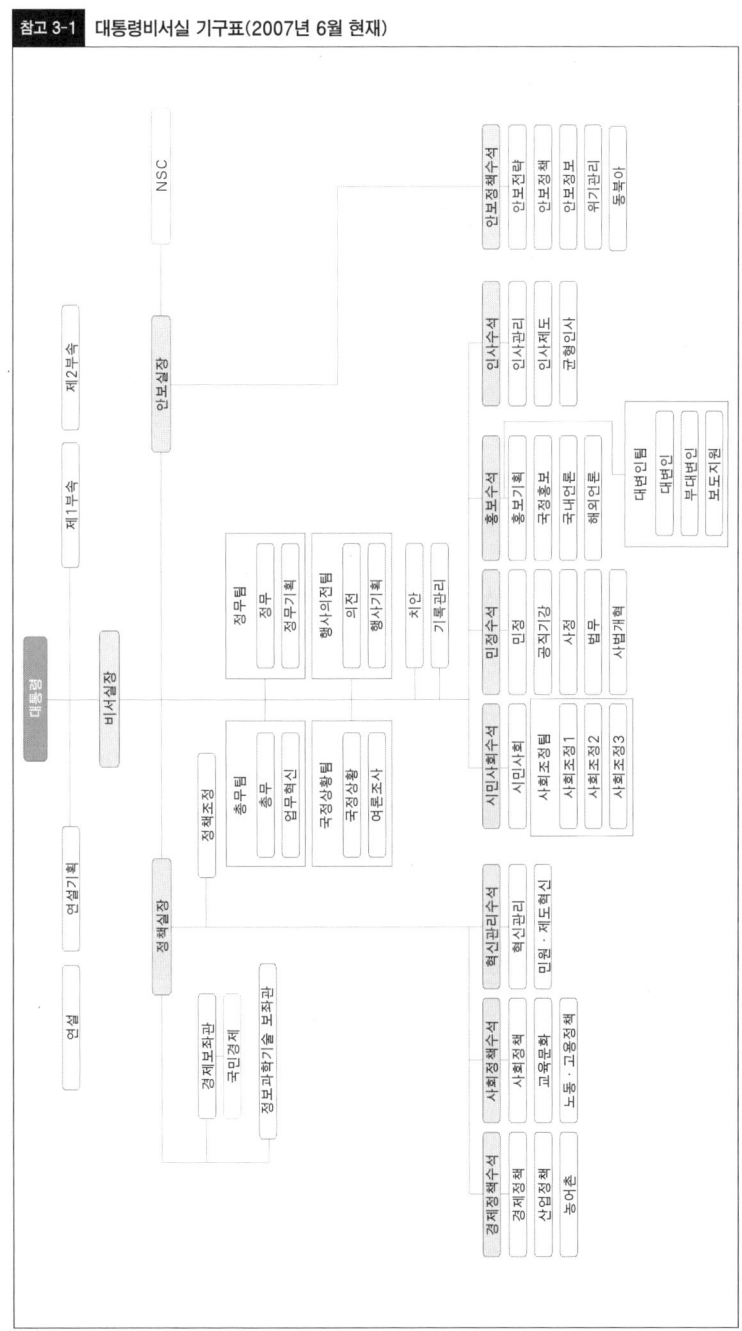

다. 수석비서관 밑에는 비서관, 행정관, 행정요원 등이 있다.

대통령비서실 직원은 총 500명 내외로 상당수는 정부부처에서 파견나온 공무원이다. 5년간 대통령과 임기를 같이하는 직원도 일부 있기는 하지만, 대개는 1~2년 정도 근무하다가 원 소속 기관으로 복귀한다.

02 문턱이 낮아진 청와대

권위주의의 상징이었던 청와대는 민주화 이후 여러 차례 변모를 거듭해왔다. 문민정부 때는 청와대 주변의 궁정동 안가가 철거되고 청와대 앞길이 개방되었다. 국민의 정부 때 일반인에게 개방을 시작한 청와대는 참여정부에 들어 녹지원 대통령 산책길, 본관 앞길, 영빈관 내부까지 개방했다. 대통령이 집무하고 기거하는 본관 내부와 관저를 제외한 대부분의 지역을 개방한 것이다.

녹지원 대통령 산책길과 안쪽 지역, 본관 앞길은 참여정부 출범 전에는 대통령비서실 직원들도 쉽게 출입할 수 없는 '특급 경호지역'이었다. 그런데 지금은 대통령이 출퇴근하고 산책하는 이 길을 일반인도 마음껏 거닐 수 있게 되었다.

문턱을 낮추려는 노력은 청와대 주변지역도 예외가 아니다. 인왕산에 이어 1968년 1·21 사태 이후 경호상 일반인의 통행이 통제되었던 청와대 뒷산인 북악산의 숙정문 일대를 2006년 4월에 개방하였다. 2006년 9월에는 청와대 앞의 경복궁 북문인 신무문도 개방하여 청와대와 경복궁을 하나의 관광코스로 연결했다. 또한 청와대 앞도로에서 기마대, 인라인 스케이트 순찰대, 군 의장대 시범행사를 펼치고 있다. 이 행사에는 중국인·일본인 등 상당히 많은 외국인 관광객이 모여든다. 영국의 버킹엄궁처럼 이제 청와대도 유명 관광지로 자리잡아 가고 있다.

눈에 잘 안 띄는 작은 변화들도 있다. 청와대 직원들은 불시에 전화 친절도 측정을 받는다. 국민 모두가 고객이기 때문에 단 한 순간이라도 불친절해서는 안 되기 때문이다. 야간 당직근무를 설 때면 24시간 청와대 민원전화를 통해 들어오는 국민의 목소리를 일일이 체크한다. 일부 비서관과 행정관 등 청와대 직원을 공개 모집하는 일도 이제 더 이상 생소한 일이 아니다.

그러나 청와대의 문턱이 낮아졌다고 해도 국민들 눈높이에는 충분하지 않은 것 같다. 개방과 소통에 대한 노력은 아무리 해도 부족하게 마련이다.

03 국정운영시스템 혁신의 필요성

대통령비서실은 정부기관 중 직원 교체가 가장 잦은 곳으로 손꼽힌다. 그래서 업무의 인수인계가 가장 큰 문젯거리다. 특히 정부가 새로 출범하면 행정관급 이상 직원의 대부분이 교체된다. 이전 정부의 통치사료는 정권교체와 함께 대부분 사라진다. 심지어 국민의 정부를 정치적으로 승계했다는 참여정부가 들어설 때도 마찬가지였다. 새 정부가 출범하면 청와대 자체 자료는 없어지고 각 부처로부터 업무보고를 통해 자료를 새로 받는 것으로 업무를 시작한다. 국정운영

시스템과 자료가 매 5년마다 파기되고 새로 구축되는 과정이 반복되어 온 것이다. 이로 인해 업무의 연속성 유지나 통치사료 보관 등에 심각한 문제가 발생하기도 한다.

모든 주요 국정 현안은 비서실을 통해 대통령에게 보고되기 때문에 비서실 국정운영시스템은 매우 중요하다. 하지만 국내 유일의 기관으로서 타인의 감시나 비판이 미치기 힘든 곳이다 보니 이를 개선하려는 노력을 찾아보기 힘들었다. 문제의 속성상 대통령이나 비서실장이 직접 관심을 갖지 않으면 누구도 나서서 이를 해결할 수가 없다.

지금은 청와대라고 해서 전화 한 통화로 권위적으로 일을 처리할 수 있는 시대가 아니다. 합리적인 의사결정 과정에 따라 각 정부부처와 협조하여 업무를 처리하는 '협치協治'가 주요한 국정운영 원리가 되었다. 하지만 민주적인 국정운영을 위해서는 과거보다 더욱 정교한 국정운영시스템 확립이 필수적이다. 각종 상황이 발생했을 때 어떻게 업무를 처리할 것인지에 관한 절차를 담은 '업무처리 매뉴얼'이 만들어진 것도 이런 이유에서다. 참여정부에 들어 본격화된 국정운영시스템의 혁신은 민주화된 선진국으로 가는 데 필수 코스다.

청와대가 앞장선 '보고서 혁신'

국정운영시스템의 핵심적 요소는 보고서다. 모든 주요 국정 현안은 보고서를 통해 정보가 공유되고 논의되기 때문이다. 국정운영시스템 혁신을 위해서는 보고서가 제대로 작성되고 유통·관리되는 것이 매우 중요하다. 그래서 참여정부의 청와대는 대통령비서실 보고서부터 '혁신'을 해보려고 한 것이다.

01 한국의 보고서 경연장, 대통령비서실

정부 각 부처에는 오랜 기간 저마다 발전시켜 온 '표준보고서' 양식이 있다. 이 양식은 한순간에 만들어진 것이 아니다. 이는 역대 장·차관, 실·국·과장(본부장·팀장)들의 집단적 특성이 응집된 결과물이다. 이 표준보고서를 몸으로 익히는 과정은 그야말로 고난의 연속이다. 상사가 자신의 보고서를 빨간색 펜으로 무참하게 그어도 담담해지는 과정을 거쳐야만 마침내 조직의 표준보고서에 익숙해지게 된다.

이처럼 개인과 조직의 시행착오를 바탕으로 만들어진 부처별 표준보고서는 그 부처의 특성에 따라 패턴도 다르게 나타난다. 예컨대 경제부처는 통계나 도표를 중요시하는 경향이 있다. 외교통상부와 국방부는 같은 외교안보부처이지만 보고서는 전혀 딴판이다. 외교통상부가 표현의 차이에 세심한 주의를 기울이는 반면, 국방부는 간단명료하면서도 강하게 표현하는 것을 선호한다. 수사기관인 경찰은 보고서 작성도 조서처럼 경위를 설명하는 데 중점을 둔다. 부처마다 '자기들만의 특성과 개성'에 충분한 이유가 있는 셈이다.

대통령비서실은 이렇게 각기 다른 표준보고서 양식에 익숙해진 정부 각 부처 공무원이 모인 곳이다. 또한 학계, 시민사회단체, 기자, 국회·당 출신이라는 각양각색의 배경과 전문지식을 갖춘 사람도 함께하고 있다. 각각 다른 조직에서 근무하던 사람들의 보고서가 처음부터 같기를 기대하는 것 자체가 어쩌면 무리일지도 모른다.

비공무원 출신은 대개 보고서 작성 자체를 부담스러워한다. 처음 비서실 근무를 시작하면서 느끼는 가장 큰 어려움으로 '빠른 출근시간' 과 함께 '보고서 작성' 이 거론될 정도다. 한 학자 출신 행정관은 보고서 작성이 연구논문 쓰는 것보다 어렵다고 하소연한다. 그렇다 보니 논문 같았던 이들의 보고서가 '공무원스러워지는' 데는 적지 않은 시간이 걸린다.

각각의 조직에서 훌륭한 표준보고서라는 평을 듣던 것도 대통령비서실에 오면 '문제 있는 보고서' 가 될 수 있다. 서로 다른 양식의 보고서는 업무처리의 효율성을 떨어뜨리고 체계적인 정보·지식 관리를 어렵게 만든다.

이른바 '표준보고서' 에 사용되는 기호의 뜻도 서로 다르고 보고서 전개 방식도 제각각이다. 예컨대 '※' 표시를 어떤 부처는 참고 설명의 의미로 쓰는 데 반해 어떤 부처는 내용을 강조하기 위해 쓴다. 이를 취합하는 실무적 애로사항은 말할 것도 없거니와, 보고서를 직접 읽는 대통령 입장에서도 곤혹스러운 일이 아닐 수 없다.

제각각인 '표준보고서' 를 어느 것을 기준으로 통일시킬 수 있을까? 우리나라의 보고서 경연장인 대통령비서실이 지금까지 보고서를 표준화하지 못했던 이유 중 하나는 역설적이게도 '표준' 이 너무 많았기 때문이다.

02 보고서에 대한 대통령의 문제의식

역대 대통령비서실이 문제로 인식하면서도 해결하지 못했던 대통령 보고서를 표준화하게 된 것은 무엇보다 매일 보고서를 읽고 처리해야 하는 대통령의 문제 제기가 계속 있었기 때문이다. 예컨대 2005년 한 해만 해도 대통령이 제기한 보고서 관련 지적사항이 100여 건이 넘었다.

보고서에 대한 대통령의 문제의식을 정리하면 다음과 같다.

첫째, 보고서의 작성 목적이 분명해야 한다

왜 작성된 것인지, 무엇을 결정해야 할 것인지 등 보고서의 작성 목적이 분명해야 한다. 어떤 것을 결정해 달라거나, 참고용이라든가, 회의를 하거나 지시를 내려달라는 등의 주문사항을 분명히 드러내야 한다는 것이다.

"보고 구분을 명확하게 해주십시오. 대통령의 지시·의견을 바라는 보고서는 '이 안이 맞는지 검토를 요청' 하거나 '1안·2안 중 선택을 해달라' 고 분명하게 작성해야 합니다. 지시·의견을 바라는 보고서 중 무엇을 하겠다는 것 없이 현황과 문제점만 올라온 경우가 있는데, 대통령 혼자 모든 계획을 수립해야 하는 부담이 있습니다. 또한 '이렇게 진행하고 있으니 알고 계십시오' 하는 보고서도 진행 상황을 뚜렷하게 이해할 수 있도록 작성해 주십시오."

(2005. 4. 4, 수석·보좌관회의 시)

"본문만 봐서는 이 보고서를 왜 작성했는지가 분명하지 않습니다. 지시사항에 대한 추가 의견을 보고하려는 것인지, 지시사항이 일리가 있다고 보고 앞으로의 개선 방향을 말하는 것인지 약간 모호합니다. 또한 앞으로 누가 어떻게 추진하겠다는 취지가 분명하지 않고, 대통령비서실에서 어떻게 점검·관리하겠다는 뜻도 분명하지 않습니다."

(2005. 7. 26, 대통령 메모)

"보고받은 사람은 그 보고서에 어떤 처리를 하는 것이 좋겠다는 의견이 명백히 제시되어 있을 때 업무를 처리하는 데 필요한 시간과 노력을 줄일 수 있습니다. 그러므로 보고서를 쓰는 사람은 보고서에 그 취지를 분명하게 나타내야 하고, 보고 경로상에 있는 중간결재자는 그 유무와 타당성을 점검하여야 합니다."

(2006. 2. 28, 대통령 메모)

둘째, 보고서를 읽고 의문이 남지 않아야 한다

보고서를 읽는 사람이 궁금해하지 않도록 필요한 내용이 제대로 담겨 있어야 한다는 것이다. 예를 들어 정책보고서에는 현 상황뿐 아니라 과거의 정책 사례를 함께 담아줄 것을 주문했다.

"근거에 대한 명시도 없고, 참고자료도 없이 그냥 몇 줄 설명만을 달아서 보고하고 있습니다. 문제의식을 가지고, 문제의 뿌리에 접근하고, 가장 합리적인 방안을 찾고, 그리고 논리정연하게 표현해야 합니다. 그렇게 할 때 정당성을 찾을 수 있습니다."

(2004. 8. 10. 국무회의 시)

"이 사례는 활용 실태, 활용 가치, 활용 방안 등을 함께 보고해야 제대로 된 보고서라 할 수 있지 않을까요? 보고서는 다시 질문할 사항이 없도록 만들어주어야 합니다."

(2005. 3. 24. 대통령 메모)

"정책 보고에는 항상 정책 이력이 있어야 합니다. 이 정책은 언제부터 이렇게 발전되어 온 것이라는 것, 어떤 문제 때문에 이렇게 왔다는 정책 이력을 붙여야 합니다. 그 다음에 그 정책의 대상과 환경을 분석하고, 정책의 영향 평가 등을 반영해야 합니다. 또한 보고 시 여론조사 등을 통해 정책이나 정부 현안에 대한 국민 인식의 변화가 있는 것으로 나타날 경우, 단순히 변화 결과만을 보고하지 말고 변화의 원인에 대해서도 분석하여 보고해 주십시오."

(2006. 4. 4. 수석·보좌관회의 시)

셋째, 보고 과정에서 적절한 절차를 거쳤는가

관련부처나 비서실 내에서 협의를 거쳤는지, 회의를 통해 논의할 사안은 아닌지 등을 묻는 것이다. 보고서 내용도 중요하지만 의견을 수렴해 가는 절차를 강조한 것이다.

"정책결정 결과뿐 아니라 정책의 형성 과정을 소상히 보고하여야 합니다. 그래야 결정자가 그 과정을 믿고 결정할 수 있는 것입니다. 정책준비 과정에서 복잡한 고려사항이 있거나 중요한 정책인 경우, 그에 맞는 검증 절차와 논의 과정을 거쳐야 합니다. 그러할 때 최대한 오류를 배제할 수 있고 좋은 아이디어를 모을 수 있는 것이지요. 그런데 보고서에 논의 과정에 대한 설명이 없으면 논의를 하지 않은 것으로 볼 수밖에 없습니다. 보고서에는 TF 구성, 토의 경과 등 어떤 논의 기구에서 어떤 논의 과정을 거쳤는지를 기록해야 합니다."

(2005. 2. 3, 대통령 메모)

"일반적으로 정책결정 과정에서는 토론과 검증 절차가 원만하게 진행되었는지 여부, 조정할 쟁점의 유무, 후일 어떤 쟁점이 있을지 여부 등에 따라 대통령에게는 단순 보고, 서면 결심, 대통령 임석 토론 후 결정 등으로 절차를 달리할 수 있을 것입니다. 지금처럼 행사계획을 결정할 때는 결정할 사항과 고려할 사항이 많은 법입니다. 따라서 적절한 회의체에서 충분한 논의를 거쳐 결정하고 그 과정을 보고서에 기록하여 보고해 주십시오."

(2005. 2. 20, 대통령 메모)

"보고 경로마다 반드시 비서관실 회의, 수석실 회의를 포함해 관련 회의 등에서 논의된 내용(회의록)이 붙어 있어야 합니다. 특히 건의 또는 지시·의견을 바라는 경우에는 토론 과정의 논쟁을 포함해서 정책의 형성과 검증 과정이 소상하게 나타나 있어야 합니다. 관련부서와의 토론, 회의 등의 과정을 거쳐 올라온 보고서는 더 검토하지 않아도 된다는 신뢰가 생기지만, 그렇지 않고 바로 올라온 보고서는 대통령이 분석해야 하므로 즉시 판단을 내리기도 어렵고 의사결정에 많은 시간이 소요됩니다."

(2005. 2. 24, 수석·보좌관회의 시)

넷째, 보고서 사용의 편리성·효율성과 관련된 문제

작성하는 사람도 읽는 사람도 시간을 아낄 수 있는 보고서라야 한다는 것이다. 중요성이나 효율성이 떨어지는 보고서로 인해 대통령의 시간이 낭비되어선 안 된다.

"보고서가 연구논문과 같은 느낌을 줄 만큼 내용이 너무 많습니다. 다른 나라의 사례와 정책시안이 혼합되어 있어서 초점이 분산됩니다. 요컨대 시간을 많이 빼앗는 보고서입니다."

(2005. 2. 16, 대통령 메모)

"보고서 내용을 보니 반드시 열람하지 않아도 될 것 같습니다. 보고서를 선별해 주기 바랍니다. 중요성이나 효율성이 떨어지는 보고서로 인하여 대통령의 시간, 체력이 낭비되는 일이 없도록 해주었으면 합니다."

(2005. 2. 17, 대통령 메모)

"보고서 작성의 간소화, 효율화 방안을 마련해 주십시오. 같은 업무를 진행하는 과정에서 비슷한 내용의 보고서를 반복하여 작성하는 것은 시간 낭비입니다."

(2005. 11. 8, 대통령 메모)

다섯째, 기본적인 보고서 형식에 관한 문제

보고서의 내용도 중요하지만 제목이나 체계 등 기본적인 형식이 제대로 지켜지지 않아서 보고서의 질이 떨어질 수도 있다는 사실을 지적하고 있다. 특히 후일 지식관리나 공개홍보 등의 목적을 항상 염두에 두고 보고서를 작성할 것을 강조한다.

"문서 전체의 체계와 제목 등이 분명하지 못해 제목과 목차로 전체를 짐작할 수가 없습니다. 그렇게 힘들게 읽었는데도 회의결과 문서와 관련 자료를 모호한 문서 이름으로 묶어서 이해하기가 어렵습니다. 문서 명칭은 문서에 담긴 내용과 주제를 표현해야 합니다. 그리고 문서의 단위를 관리하는 개념들이 부족한 것 같습니다. 원칙적으로 하나의 문서에는 하나의 주제를 다루어야 합니다. 의제가 다른 문서는 따로 작성해 주십시오."

(2005. 1. 6, 대통령 메모)

"후일 검색할 필요 등을 고려하면 문서는 주제별로 작성하는 것이 타당할 것입니다. 문서 목록에서 제목만 보고 내용을 유추해야 하는 경우도 있으므로 주제를 알 수 있는 제목을 달아주면 좋습니다."

(2006. 3. 4, 대통령 메모)

"모든 보고서 작성 시 공개, 홍보 가치를 생각하고 홍보계획을 세우도록 제도화해야 합니다. 모든 보고서에 대해 작성자가 보고서의 공개 여부에 관한 의견(적극적 공개, 대고객 보고, 대국민 보고 사항에 해당하는 것인지를 판단)을 적고 관련 절차를 이행해주세요. 보고내용 자체가 홍보를 필요로 하는 중요한 현안 또는 쟁점일 경우 보고서 자체를 공개할 홍보자료라 생각하고 작성하여야 합니다. 그렇게 하면 홍보 마인드의 확산에도 좋고 홍보자료를 재작성할 필요도 없을 것입니다."

(2005. 6. 29. 대통령 메모)

보고서에 대한 대통령의 문제의식은 우리가 보고서를 작성할 때 흔히 저지르기 쉬운 오류를 총체적으로 담고 있다. 보고서 문제에 관한 대통령의 메모들은 「보고서 작성 매뉴얼」을 만드는 과정에서 중심적 역할을 했다. 그리고 이는 이 책자의 1부와 2부의 핵심 내용을 이루고 있다.

만약 대통령이 무슨 이유로 보고서 같은 작은 문제에 신경을 쓸까 생각하는 사람이 있다면, 대통령이 처리해야 할 보고서가 어느 정도인지 알게 된다면 이해할 것이다.

예컨대 2004년 11월부터 2005년 8월까지 10개월간 대통령이 직접 처리한 보고서는 총 2,104건이다. 이는 한 달에 210건의 보고서를 처리했음을 의미한다. 이 중에는 몇 분 만에 간단히 훑어볼 수 있는 정보보고서도 있고, 1시간을 숙독해야 하는 수십 페이지짜리 정책보고서와 행사보고서도 있다. 각종 행사 참석, 회의 주재, 접견 등으로 바쁜 대통령 일정을 감안한다면 하루에 수십 건의 보고서를 읽고 처리하는 것은 상당한 부담이다. 게다가 대통령에게까지 올라온 보고서라면 한 건도 사소하게 처리할 수 없는 것들이다.

03 보고서부터 혁신하라

'보고서가 생명'이라는 공무원 사회에서, 그것도 나름대로 능력 있고 일 잘한다고 발탁된 사람들이 보고서에 대해 대통령의 지적을 받는다는 것은 여간 부담스러운 일이 아니다. 사실 대통령의 지적이 있기 전에 보고서를 제대로 작성하고 표준화하기 위해 발 벗고 나섰어야 했다.

'보고서 품질향상 연구팀'은 대통령의 보고서에 대한 문제의식에 깊이 공감하는 직원들이 중심이 되어 만든 혁신 동아리다. 2005년 4월 13일 결성된 이후 「보고서 작성 매뉴얼」 초안이 완성되기까지 6개월간 총 26회의 모임을 가졌다. 청와대에 혁신할 것이 많지만 무엇보다 보고서부터 혁신해야 한다는 공감대가 확산된 결과다.

연구팀에서는 그동안 대통령에게 보고되었던 수천 건의 보고서를 분류하는 작업부터 시작했다. 그리고 보고서 작성 안내서를 찾아보았지만 의외로 찾기 힘들었다. 참고할 수 있는 것이라곤 문서서식이나 기안문 작성 방법을 알려주는 행정자치부의 「사무관리규정」 정도가 유일했다. 당시 중앙공무원교육원에도 구체적인 교육 과정은 없었다.

이는 보고서를 생명으로 여기는 공무원 사회에서 믿기 힘든 일이었다. 물론 시중에는 기획서 작성 방법, 사업계획서 작성 방법, 연구결과보고서 작성 방법 등이 있긴 했지만, 정부의 보고서 작성에 그대로 적용할 수 있는 건 아니었다. 외국 자료 중에는 미국의 CIA 정보 보고서 작성요령이 많은 도움이 되었다. 백악관, OECD 등 외국 정부기관과 국제기구, 국내 굴지의 민간기업 보고서 작성 사례도 참고했다.

연구팀이 한창 작업을 진행하던 2005년 7월 말, 대통령으로부터 비서실 전 직원을 대상으로 한 학습토론회를 개최하라는 지시가 떨어졌다.

"보고서 작성과 처리 방법, 그에 따른 업무요령에 관하여 비서실 전체의 학습계획을 세워주시기 바랍니다. 그러자면 많은 사례가 필요할 것입니다. 문서처리 과정에서 나온 대통령의 지적과 질문 사항을 발굴하여 학습자료로 이용하도록 합시다. 대통령을 포함하여 모두들 참여합시다."

(2005. 7. 27. 수석·보좌관회의 시)

학습토론회 결과는 고스란히 연구팀 작업에 반영되었다. 이렇게 해서 「보고서 작성 매뉴얼」이 2005년 말 완성되어 청와대는 물론 정부 각 부처에 보급되어 사용 중이다. 대통령의 문제의식으로부터 시작된 작업이 결실을 거둬 정부 차원의 보고서 혁신을 주도하기에 이른 것이다.

모든 업무의 중심, e知園시스템

e知園은 '디지털 지식정원'이라는 뜻을 가진 청와대 업무관리시스템이다. 국정운영의 심장부인 청와대의 업무관리시스템으로, 모든 현안이 집중·처리되는 곳이다. 보고서 혁신을 이야기할 때 e知園시스템이 중요한 역할을 담당했다는 사실을 부인할 수 없다. 무엇보다도 국정운영의 시스템화를 강조한 대통령이 e知園 개발을 직접 주도했다는 데 큰 의의가 있다. 간략히 개발 과정과 그 특징을 살펴보도록 하겠다.

01 대통령비서실의 운영시스템으로 자리잡기까지

지금은 'IT 선진국' '전자정부 세계 1위'로 평가받는 대한민국이지만 2003년 초 청와대에는 이에 걸맞은 업무관리시스템이 없었다. 당시 정부기관이나 일반기업에는 문서결재·게시판·메일 기능 중심의 업무관리시스템Group ware이 보급되었지만, 이것을 청와대에 그대로 가져다 사용하기에는 여러모로 부적합한 면이 있었다. 우선 업무처리의 핵심 기능인 보고서의 작성과 처리 과정이 불투명했다. 실제 이루어지고 있는 업무 과정을 제대로 반영하지 못한 것이다. 처리된 문서의 기록관리 기능도 부실했다. 부서나 기관 단위로 추진되는 과제를 관리하는 기능도 미흡했다. 지시사항관리나 정보·의제관리, 정책홍보관리 기능도 제대로 구현되어 있지 않았다. 이는 업무를 체계적으로 하기 위해 꼭 필요한 기능인데도 말이다.

노무현 대통령은 빠듯한 일정에도 불구하고 이 일에 각별한 관심과 애정을 쏟았다. 일을 잘하는 것도 중요하지만 일을 잘하는 시스템을 구축하는 것이 훨씬 중요하다는 판단 때문이었다. 참여정부에서만 쓰는 것이 아니라 다음 정부에도 물려줄 수 있도록 각종 업무처리 비결know-how이 고스란히 담긴 시스템을 개발하는 것이 목표였다. 업무혁신비서관실을 중심으로 하여 비서실 내에 개발팀이 꾸려졌고 매주 대통령이 직접 시스템개발회의를 이끌었다. 그 결과 2003년 11월에는 e知園의 최초 버전이 탄생하기에 이르렀다.

이후 본격적으로 현업에 적용되면서 대통령을 포함하여 사용자들의 개선 요구가 끊임없이 이어졌다. e知園은 몇 차례에 걸쳐 버전이 향상되면서 진화에 진화를 거듭한 결과 2006년 청와대 온라인 업무관리 포털로 자리매김하게 되었다. 6개 정부부처를 대상으로 한 시범 기간을 거쳐 정부 표준으로 채택하면서, 2007년부터는 모든 정부부처에서 사용하게 되었다.

02 e知園시스템의 주요 기능

e知園의 기본 기능인 게시판, 메일(내부·외부), 결재, 전자문서의 접수·발송, 그리고 회의장 관리, 뉴스검색 등 각종 지원 기능은 다른 업무관리시스템과 크게 다르지 않다. 하지만 '과제관리' '문서관리' '지식관리' 등의 기능은 정부의 업무처리 방식을 혁신적으로 바꾼 것들로, e知園만의 독특한 특징이다.

과제관리

청와대의 모든 주요 업무를 기능별·목표별로 분류하여 '과제관리카드'와 '일정·일지 관리'를 통해 관리한다. 수천 가지의 국정현안에 대한 현황과 예정사항을 일목요연하게 파악할 수 있다.

문서관리

온라인 보고서를 작성하고 처리하는 것으로 '문서관리카드' '온라인회의' '문서함'으로 구성되어 있다. e知園의 특성을 가장 대표하는 기능이라고 할 수 있다. 행정 업무의 기반이 되는 문서처리 과정을 온라인을 통해 효율적으로 뒷받침하고 이 과정에서 발생하는 의사결정 정보를 세밀하게 기록으로 남길 수 있다. 또한 행정 업무의 투명성과 책임성을 확보하고 향후 업무지식으로 재활용할 수 있다.

지식관리

비교적 최근에 구현된 것으로, 청와대 내부보고서를 정제한 정보와 지식이 많아서 유용한 자료의 보고寶庫가 되고 있다.

03 e知園이 바꾼 업무문화

논의 과정이 투명해졌다

이제 청와대는 더 이상 성역이 아니다. 청와대가 개방되면서 대부분의 지역에 국민의 발길이 닿는다. 이는 비서실 업무처리에 있어서도 마찬가지인데, 대통령 보고서 중 일부가 국민에게 공개되고 있다.

참고 3-2 청와대 업무관리시스템 e知園시스템의 구성도

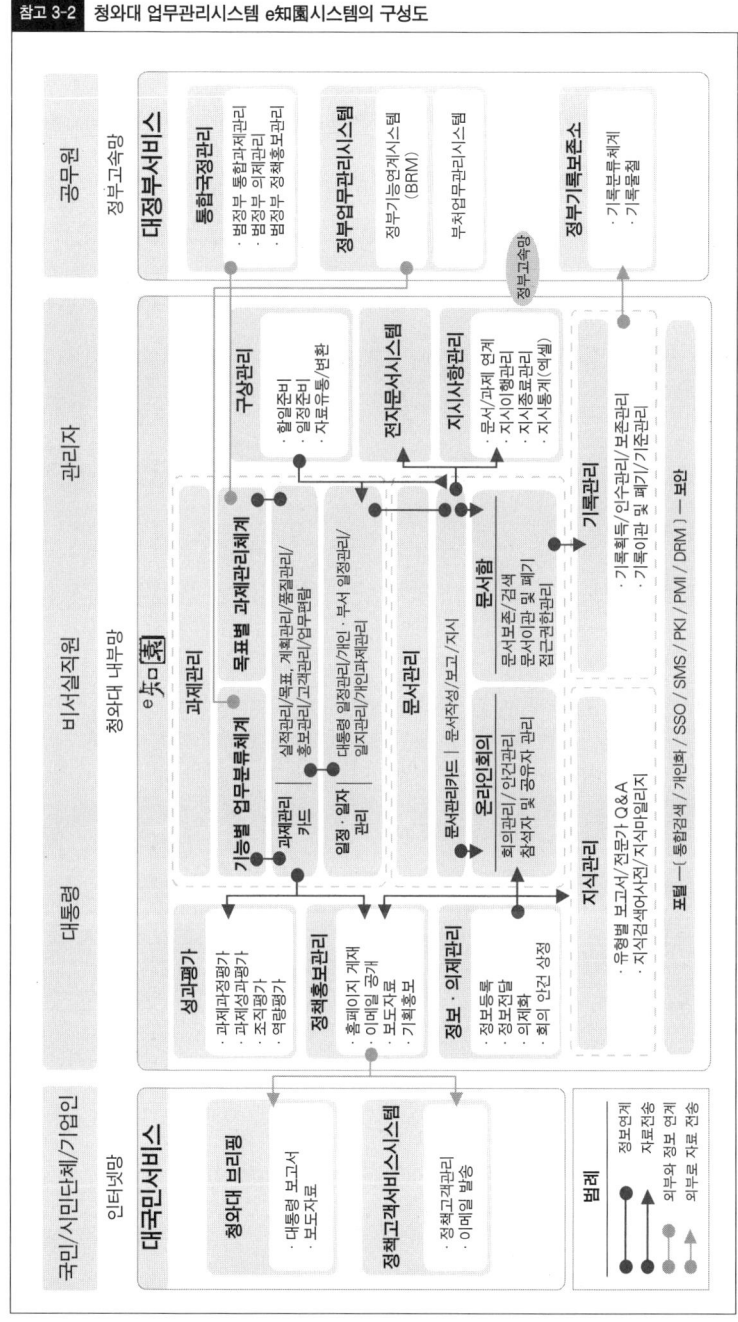

더 중요한 것은 국정 현안이 처리되는 과정이 투명해졌다는 점이다. 중간검토 과정이 그대로 기록으로 남기 때문이다. 보고서가 대통령에게 올라가는 과정에서 어떤 논의를 거쳤고 중간검토자들이 어떤 의견을 제시했는지가 모두 기록된다. 대통령의 지시나 의견도 마찬가지다. 주요 국가정책은 결정되기까지의 과정 자체가 역사적으로 가치 있는 자료, 즉 '통치사료'다. 지금까지 제대로 기록되지 않았던 대통령의 통치 행위가 제대로 기록되기 시작한 것이다.

또한 작성자는 본인의 이름을 걸고 대통령에게 보고한다. 보고서를 쓰는 사람 따로, 보고하는 사람이 따로 있는 것이 아니다. 명실상부한 정책실명제가 실현되고 있다. 중간검토자들도 마찬가지다. 과거처럼 읽어보지도 않고 대충 결재할 수가 없다. 본인의 의견이 그대로 남기 때문이다. 모든 것이 기록으로 남는다는 것은 그만큼 일을 투명하고 책임감 있게 해야 한다는 것을 의미한다.

시스템이 처음 도입되었을 때 비서실 일부 부서에서는 바로 이 문제 때문에 사용하기를 꺼려했다. 정무적인 문제, 인사상의 문제, 감찰이나 사정문제 등을 기록으로 남기는 것이 부담스러웠던 것이다. 그러나 대통령은 "모든 것을 기록으로 남길 것, 기록으로 남길 수 없는 일은 아예 하지 말 것(2003. 9. 6,「디지털청와대」시연회)"을 지시하며 이 문제를 정리했다.

보고처리의 효율성이 높아졌다

대통령만큼 보고를 많이 받는 사람도 없을 것이다. 국정운영 전반에 걸쳐 모든 정보가 대통령에게 집중되기 때문이다. 따라서 보고의 효율화는 곧 국정운영의 효율화와 직결되는데, 국정운영의 분권화와 보고 유형 구분이 그 답이었다.

우선, 대통령에게 집중되던 보고문제는 책임총리제를 통한 '국정운영 분권화'로 상당 부분 해결하고 있다. 일반적인 정책 현안은 국무총리가 해결하도록 했으며, 장관의 부처자율권도 대폭 확대되었다. 대통령비서실에서도 비서실장, 정책실장, 안보실장이 보다 많은 부분을 자체 처리하고, 대통령에게 꼭 보고해야 할 것만을 선별하여 보고한다. 또한 상하관계에 의한 보고에만 의존하기보다는 관련자들이 모인 수평적인 회의에서 토론을 통해 자주 의사결정을 내린다. 이렇게 분권화된 시스템을 통해 일상적인 것들을 걸러준 후 정말 중요한 것만 대통령에게 보고토록 하고 있다. 중요한 정책결정을 내려야 하는 사안에 대해서는 대통령 혼자서 결정하기보다는 회의를 소집해서 처리한다.

다음에는 보고서의 중요도와 성격에 따라 '보고 유형'을 구분하여 보고토록 했다. 대통령의 지시가 없으면 더 이상 진행할 수 없는 내용은 '지시바랍니다'로 분류한다. 이 유형의 보고가 가장 시급하게 처리해야 할 보고서다. 일상적인 업무진행 상황에 대한 보고는 대통령의 지시가 반드시 있어야 하는 것은 아니다. 이 경우에는 '업무보고입니다'로 유형을 분류한다. 지금 당장 처리해야 하는 것은 아니지만 향후 대통령의 정책 구상을 위해 참고가 될 만한 자료는 '참고바랍니다'로 유형을 분류한다.

대통령은 처리해야 할 보고서 목록에서 어떤 유형의 보고서인지 먼저 보고 처리 순서를 정하게 된다. 따라서 지시할 것이 없는 내용을 '지시바랍니다'로 보고해서 대통령을 난감하게 만들면 안 된다. 마찬가지로 긴급한 내용인데 '참고바랍니다'로 보고하여 처리 시점을 놓치면 안 된다.

디지털청와대의 탄생

e知園이 처음 도입되었을 때는 시스템 하에서 일하는 방식에 익숙하지 않아 모두 힘들어했다. 오히려 그전보다 더 불편해졌다는 의견도 일부 있었다. 그러나 이제는 이 시스템 없이 대통령에게 보고하는 것은 상상조차 하기 어렵다. 투명하고 신속한 처리와 편리한 조회 기능, 내가 직접 대통령에게 보고한다는 자부심, 역사적 기록을 남긴다는 책임감이 몸에 밴 것이다. 대통령비서실에서 근무하다가 정부부처로 복귀한 공무원들이 일반부처에도 이러한 시스템이 빨리 도입되어야 한다고 주장했던 것도 이 때문이다.

e知園 도입은 무엇보다도 업무처리 관행을 바꾸었다. 이제 모든 보고는 기록으로 남겨야 한다는 의식이 자연스럽게 자리잡아 가고 있다. 업무처리 과정이 상세하게 드러남으로써 '독단이나 편견, 무능과 무책임, 늑장 처리'가 설 땅을 잃게 되었다. 윗사람에게 결재를 올리고 잘 보이는 데 노력을 집중하기보다는 업무를 효율적으로 처리하고 보고서를 잘 쓰는 데 더 많은 시간을 보낸다. 이제 대통령도 e知園에 의한 보고가 아니면 보고를 받지 않는다. 청와대의 완전한 디지털화가 달성된 것이다.

이제 디지털 업무문화는 거스를 수 없는 시대적 추세가 되었다.

어떻게 보고서 업무가 처리되는가

e知園시스템은 일종의 업무처리 인프라다. 이를 이용하여 실제 업무를 처리하고 성과를 내는 것은 결국 사람이다. e知園시스템의 기반 하에서 어떻게 의제관리가 되는지, 그리고 어떻게 보고서가 유통되는지 알아보도록 하자.

01 의제관리시스템이 필요한 이유

대통령비서실은 아마도 대한민국에서 정보가 가장 많이 모이는 곳일 것이다. 너무 많은 정보가 모이다 보니 이들 중에서 옥석을 구분해서 관리할 가치가 있는 '의제agenda'로 만드는 작업이 중요하다. 어떤 사회적 이슈가 제기되었을 때 청와대에서(또는 대통령이) 이를 언제 알았느냐 하는 것이 중요한 문제로 떠오르는 경우가 종종 있다. 방송·언론에서 조명할 정도의 주요 이슈는 여러 비서관실을 통해 중복적으로 점검되기 때문에 놓치는 경우가 거의 없다. 하지만 가끔씩 주요 정보가 다른 정보들에 묻혀 사장되거나 뒤늦게 발견되는 경우가 있는 것도 사실이다. 어느 부서에서 알고 있는 정보를 다른 부서에서 모르는 일도 종종 벌어진다.

필요한 정보를 내부적으로 공유하고 의제를 발굴하여 처리하는 것이 '의제관리시스템'이다. 이는 지식·정보화시대에서 원활한 국정운영을 위해 필수적이다. 하지만 그동안 대통령비서실에는 체계적인 의제관리시스템이 없었다. 특히 정보처리와 의제화의 중요성에 대해 주목하고 이를 시스템으로까지 구현한 사례가 없었다. 어떤 이슈가 어떤 절차를 거쳐 논의되고 처리되는지에 대해 노무현 대통령의 근본적인 문제 제기가 이어진 것은 당연하다. 그리고 이에 따라 해법이 강구되고 시스템으로 구현되었던 것이다.

02 대통령비서실의 4단계 의제관리 절차

대통령비서실에서 의제관리하는 절차를 4단계로 정리하면 다음과 같다.

- 정보처리 단계: 최대한 고급정보를 수집하여 필요한 부서와 빠짐없이 정보를 공유한다.
- 의제화 단계: 수집된 정보에서 시의적절한 의제를 발굴하고 이를 해결하기 위한 가장 적합한 절차를 선택한다.
- 의사결정 단계: 회의 개최나 서면 보고 등을 통해 문제해결 방안을 결정하도록 한다.
- 사후관리 단계: 문제가 해결될 때까지 지시사항 등을 철저히 관리한다.

정보처리 단계

정보 발굴은 정부부처 보고서, 정보기관 보고서, 언론 보도내용, 민원사항, 또는 상부의 지시사항이나 자체적으로 아이디어를 내기도 한다. 발굴된 정보는 행정관이 정리하여 비서관에게 보고하거나 e知園의 '정보·의제관리' 시스템에 등록한다. 이때 정보가 필요한

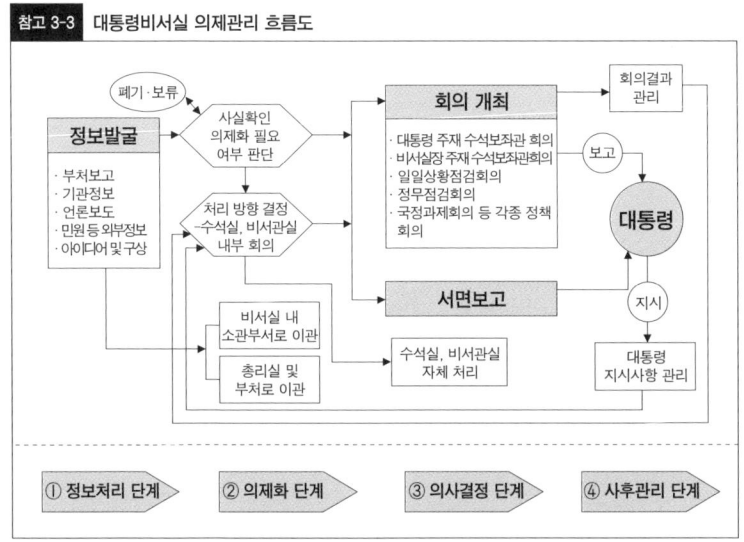

참고 3-3 대통령비서실 의제관리 흐름도

다른 부서와 공유하게 된다.

의제화 단계

보다 구체적인 사실을 확인하여 수집된 정보가 상부에 보고할 사안인지를 검증한다. 현재 시점에서 의제화하기에 부적절하다고 판단되면 폐기 또는 보류한다. 필요 시 수석비서관이나 비서관 단위에서 의제의 처리 방향을 논의한다. 그 결과에 따라 상부에 보고할 것인지, 다른 부서나 총리실·부처로 이관할 것인지, 아니면 자체 처리할 것인지가 결정된다.

의사결정 단계

회의체를 거치거나 직접 서면 보고를 통해 대통령에 대한 보고가 이루어진다. 이 과정에서 보고서들은 일일상황 점검회의나 수석·보좌관회의, 국무회의 등의 회의체에 올라갈 수 있다. 예외적이긴 하지만, 대통령 보고까지 이루어진 문서라도 관계 수석·보좌관이나 장관과 정보를 공유하기 위해 회의체에 회부되는 경우가 있다. 이렇게 의사결정 과정을 거쳐야 지시사항이 하달된다.

사후관리 단계

대통령의 지시사항 관리나 회의결과 관리가 이루어진다. 대통령에 의해 결정된 사항을 빈틈없이 관리하여 문제를 근본적으로 해결하도록 하는 것이 가장 중요하다. 종종 새로운 의제화로 연결되는 것도 이 때문이다.

03 e知園에 구현된 의제관리시스템

e知園은 이러한 의제관리에 적합하도록 개발되었다. e知園에는 정보 발굴과 의제화 과정을 지원하는 '정보·의제관리' 기능, 의사결정을 지원하기 위한 '온라인 회의' 기능과 '문서관리카드' 기능, 사후관리가 가능하도록 하는 '지시사항관리' 기능 등이 있다.

여기서 '지시사항관리' 기능에 대해 부연 설명하면 지시사항을 처리할 부서나 관계부처를 지정하고, 처리계획에 따라 적절히 이행되고 있는지를 관리한다. 대통령 지시사항은 관리하는 부서가 별도로 있다. 주간 단위 또는 월간 단위로 점검이 이루어지기 때문에 단 하나의 지시사항도 대충 처리할 수가 없다. 만성적으로 지연처리되거나 임기 말에 처리하려는 '요주의' 과제는 특별 관리된다. 그만큼 촘촘하게 국정관리가 이루어지고 있는 것이다.

대통령비서실 의제관리시스템의 가장 큰 특징은 주요 현안에 대한 의사결정 시 여러 부서의 의견이 손쉽게 반영될 수 있도록 지원하고 있다는 점이다. 특정 부서의 독단을 막고 '개인' 보다는 '시스템'의 힘에 의해 움직이도록 한 것이다. 그러면서도 이 시스템에 관여하는 각 개인의 책임과 역할이 분명하게 드러나도록 e知園이 처리 과정과 처리 의견을 상세히 기록하고 있다.

04 대통령 보고서는 어떻게 만들어지고 처리되는가

의제관리에서 주요 수단은 '보고서'다. 즉 '정보처리 → 의제화 → 의사결정 → 사후관리'로 이어지는 각 단계마다 보고서를 통해 업무가 처리된다.

구두 처리나 쪽지 등으로 의제관리를 할 수는 없다. 각 단계별로 서로 다른 보고서가 작성될 수도 있지만, 정보처리 단계에서 최초로 작성된 보고서가 수정·보완을 거쳐 사후관리 단계까지 사용되기도 한다. 보고서를 반복적으로 작성하는 것은 비효율적이다. 이를 막기 위해 대통령비서실에서는 회의자료나 서면 보고자료를 별도로 만들지 않고 정보·의제관리 단계에서 사용한 보고서를 가급적 그대로 사용하고 있다.

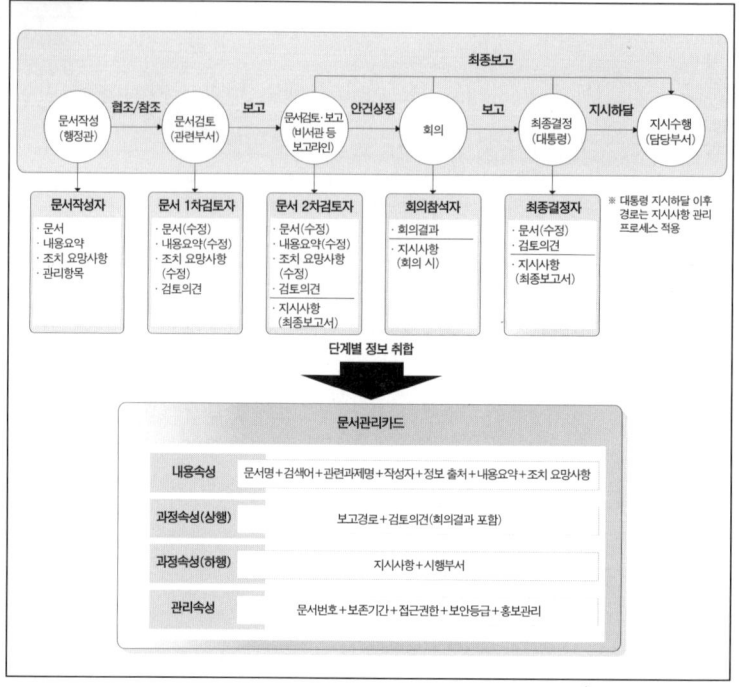

참고 3-4 온라인 보고 과정

　대통령비서실에서 보고서가 작성되고 처리되는 과정을 정리하면 다음과 같다(〈참고 3-4〉 참조).

　대통령비서실 보고서는 앞서 1부와 2부에 언급한 요령에 따라 주로 행정관이 작성한다. 보고서가 작성되면, 다음 〈사례 3-1〉처럼 문서관리카드를 작성하게 된다. 문서관리카드는 크게 표제부, 경로부, 관리속성부로 이루어져 있다. 표제부에는 문서 제목, 과제명, 정보 출처, 문서 취지, 본문과 첨부문서 등이 기록되고 연결된다. 경로부에는 누가 보고를 받았고 처리의견이 어떠한지, 보고처리 유형은 어떠한지, 처리결과는 어떠한지 등이 표시된다. 관리속성부에는 홍보

사례 3-1 문서관리카드 작성의 예

문서관리카드

표제부

제목	서구 선진국의 계층간 이동성 관련 외신분석
문서검색어	
과제명	양극화해소 추진실태 점검
정보출처	[경제정책수석 윤대희 지시] (2006.05.31) 이코노미스트지(5.27~6.2일자)에 실린 계층간 이동분석에 대한 기사를 요약, 검토 보고해주기 바람
문서취지	영국의 시사주간지 이코노미스트지는 06.5.27자 기사에서 계층간 사회이동성과 관련한 영미모델, 유럽모델 및 북구모델간 차이를 소개하고 있는 바, 이를 요약, 보고드림
최종본문	[1.0]060605_[대통령]서구선진국의 계층간 이동성 비교.hwp [64K]
첨부	별첨파일 / 별첨문서
작성일	2006.06.05	작성자	경제정책비서관실 행정관 손병두

경로부

경로	요청상황	내용	처리결과	본문
행정관 손병두		경제적 유연성 확보와 계층간 이동성간의 균형 유지는 선진국으로서도 어려운 일이나, 외환위기 이후 추세적 양극화가 심화된 우리로서는 계층간 이동성 제고가 매우 시급한 과제인 것으로 판단됩니다.	보고 2006.06.05 19:28:37	1.0
[참조] 이상원, 김광수, 홍남기, 은호성, 장원삼				
경제정책수석 윤대희	보고 [업무보고입니다] 2006.06.05 19:29:32	계층의 수직적 이동성 제고는 참여정부의 동반성장 정책에서도 핵심입니다. 이를 위해 정부가 추진해오고 있는 사회안전망 확충, 양질의 공교육 시스템 확립 등은 최근 보고된 미국 해밀턴 프로젝트의 주요 내용이기도 합니다. 관련 연구자료를 추가 입수하여 계속 검토해나가도록 하겠습니다.	보고 2006.06.05 19:29:42	(1.0)
[참조] 윤후덕, 권오규, 김용익, 김수현, 최경희, 강순희, 이병완, 이호철, 이백만, 선미라, 최인호, 김종민, 정태호				

출처: 대통령비서실(「서구 선진국의 계층 간 이동성 관련 외신분석」 보고서의 문서관리카드)

계획, 보고서 보안등급, 접근권한, 보존기한 등이 포함된다.

보고서를 상신할 때는 협조자와 참조자를 적절히 지정해서 관련자들의 의견이 반영되고 정보가 공유될 수 있도록 한다. 문서의 1차와 2차 검토는 주로 비서관과 수석비서관이 하고 있다. 검토자들은 보고서 내용을 수정, 또는 검토의견을 달아 문서를 반환하거나 상신할 수 있다. 검토자는 보고서 자체뿐 아니라 보고 경로 등 문서관리카드상의 제반사항도 수정할 수 있다.

모든 보고서에는 문서관리카드가 붙어 있기 때문에 어떤 계기로 보고서가 작성되었는지, 어떤 과제를 수행하기 위해 보고서가 작성되었는지, 다른 보고서와 어떤 관계가 있는지를 온라인상으로 볼 수 있다.

  수천 가지의 국정 현안을 챙겨야 하는 대통령이나 수백 가지의 해당 분야 과제를 관리해야 하는 수석비서관에게 이러한 시스템이 없다면 업무를 제대로 처리하기란 거의 불가능하다. 또한 자신이 내린 결재내용을 모른다고 부인하거나 제대로 알지 못하면서 보고서를 처리할 수도 없게 되었다. 자연스럽게 행정 혁신이 이루어질 수밖에 없다. 이것이 시스템의 위력이다.

보고서 현장 스케치
– 현장을 뛰는 행정관들의 이야기

이제 가벼운 마음으로 청와대 행정관들이 현장에서 겪고 있는 일들을 살펴보도록 하자. 비서실장 직속 업무혁신비서관실과 정책실, 안보실에 소속된 3명의 행정관의 사례를 차례대로 소개하겠다.

첫 번째는 업무혁신비서관실 '초짜' 행정관이 e知園을 이용하여 어떻게 보고하는지에 대한 것이다. 두 번째는 사회정책수석실 행정관이 어떻게 의제화를 하여 정책과제를 해결해 나가는지에 대한 것이다. 마지막으로 안보정책수석실 행정관이 행정관·비서관·수석의 업무 패턴 차이와 대통령 행사를 어떻게 준비하는지를 보여주는 사례를 설명하겠다.

e知園을 이용한 보고 :
업무혁신비서관실 행정관의 사례

01 청와대 '초짜' 행정관의 좌충우돌

나는 업무혁신비서관실에 들어온 지 얼마 안 되는 소위 초짜 행정관이다. 업무혁신 분야는 대통령이 각별한 관심을 갖고 있는 분야여서 매사에 신경이 곤두선다. 아직 대통령비서실에 근무한 지 얼마 안 되어 모든 것이 생소하기만 하다.

청와대는 우리나라에서 하나밖에 없는 곳이고, 이곳에 처음 근무를 하다 보니 새롭게 배우고 익혀야 할 일이 한두 가지가 아니다. 행정관 한 명이 다루는 업무 범위는 광범위하고, 비서관실이 다르면 담당하는 업무도 판이하게 다르다.

오늘 아침 비서관실 자체 회의에서 비서관으로부터 정부의 지식혁신 개선방안에 관한 보고서를 작성하라는 지시를 받았다.[1] 이 보고서는 대통령에게까지 보고해야 하는 사안이다. 나는 행정자치부를 비롯한 관련 부처에 보고서를 쓰기 위한 기초자료를 요청했다. 이틀 만에 이메일로 자료가 도착했다.

그러나 충실한 보고서를 작성하기에는 좀 더 상세한 자료가 필요했다. 지식관리 관련 의견수렴 결과, 각 기관별 지식관리 현황, 민간기업과 외국 등 지식관리에 성공한 사례 분석 등을 보고서에 포함시키면 좋을 것 같았다.

---

1 편집목적상 보고서 제목 등은 실제와 다소 다르며, 예로 들고 있는 사례는 다른 보고서의 경우를 다양하게 제시한 것이다.

그래서 추가로 자료를 요청하는 동시에 인터넷과 정부부처 인트라넷의 관련 사이트 검색 등을 통해 여기저기서 필요한 자료를 찾았다. 정보과학기술보좌관실과 혁신관리비서관실 등 다른 관련 비서관실에도 상황을 알리고 협조를 요청했다. 대통령비서실 내 자료실도 뒤져보았는데, 다행히 보고해야 할 내용과 관련된 책이 몇 권 있었다.

이제 보고서 초안을 작성해도 될 만큼 자료를 수집했다. 나는 보고서를 작성하기에 앞서 이번 보고의 목적은 무엇인지, 보고 중점을 어디에 둘 것인지, 작성 방향을 어떻게 잡을 것인지 등 보고서의 큰 틀을 구상했다. 보고서를 생각나는 대로 무턱대고 써서는 안 된다는 것을 며칠 전 경험을 통해 뼈저리게 느꼈기 때문이다.

얼마 전 기업에서 기획 업무를 했던 경험을 살려 열심히 보고서를 작성했는데, 비서관으로부터 "보고하고자 하는 바가 무엇인지 핵심을 알 수 없다"는 혹독한 지적을 받았던 것이다. 그럴듯한 문구로 가득 차 있지만 실상 중요한 알맹이도 없고, 주장하고자 하는 바도 분명하지가 않다는 것이었다. 이를테면 '관련' 규정을 만들고, 전문가로 구성된 포럼을 '성공적'으로 운영하고, '체계적인' 시스템을 만들자는 등의 향후 과제로 제시된 것들이 어느 것 하나 구체적인 것이 없다는 지적이었다. 머릿속의 아이디어를 제대로 보고서로 표현하지 못했던 것이다. 그래서 당시 '보고서라고 생각하지 않고 구두로 보고한다면 잘할 수 있는데, 그렇게 하면 안 되나?' 라는 생각을 해보기도 했다.

> **NOTE 3**
>
> ## 보고서 자판기팀에서 있었던 일
>
> "앞으로 모든 보고는 구두 보고로 합시다."
> '보고서 자판기팀'이라고 불리는 한 비서관실에서 '2006년 혁신과제'에 대한 회의를 열었다. 선임 행정관이 "올해 혁신과제를 무엇으로 할까요?"라고 묻자 이구동성으로 "구두 보고 실현을 혁신과제로 합시다!"라고 제안했다. 실제로 4명의 행정관으로 구성된 '보고서 자판기팀'은 2005년 한 해 동안 230건의 보고서를 작성했고, 이 중에서 91건을 대통령에게 보고했다.
>
> 구두 보고가 스피드 경영을 중시하는 민간 영역에서는 효율적일 수 있지만, 공적 영역 특히 대통령비서실에서는 곤란하다. 헌법 제82조는 '대통령의 국법상 행위는 문서로써 하며'라고 규정하고 있다.
> 행정부처는 사무관리규정을 제정하여 주요 업무를 문서로 처리하고 있다. 행정 행위를 문서로 하기 때문에 공무원 사회에서는 보고서를 '공무원의 얼굴'로 간주한다. 안타깝지만 '모든 보고의 구두 보고화'는 '구두선'일 수밖에 없는 것이 현실이다.

한참 보고서를 구상하느라 씨름하는 나를 보고, 옆에 있던 선배 행정관이 이렇게 귀띔을 해주었다.

"보고받는 사람, 즉 대통령의 입장에서 생각해 보라."

그 행정관은 대통령비서실 경력 3년차의 베테랑이다. 그 후 "대통령이라면 이 문제를 어떻게 볼까"라는 것을 화두로 삼고 목차를 편성한 후 내용을 작성하기 시작했다.

몇 시간 후에 보고서 초안을 뚝딱뚝딱 완성했다. 하지만 대통령이 이 보고서를 별다른 설명 없이 잘 이해할 수 있을지, 이 보고서를 보고 원하는 의사결정을 내릴 수 있을지에 대한 의문이 싹트기 시작했다. 이 상태로 곧바로 비서관에게 보고하기에는 무리가 따른다는 결론이 났다.

옆자리의 선배 행정관에게 머리를 긁적이면서 한번 검토해줄 것을 부탁했다. 여기서 근무하기 전에 기획·조정을 담당하는 정책부처에서 10년 넘게 근무했던 사람이다. 보고서를 많이 써본 베테랑답게 논리에 맞지 않는 것, 결정적인 내용이 누락된 것, 추가 설명자료가 필요한 것뿐만 아니라 오탈자까지 지적해주었다. 자기 일도 바쁠 텐데 시간을 내서 세세한 부분까지 알려주니 너무 고마웠다. 나는 고맙다는 말과 함께 점심을 사겠다고 약속했다.

다시 책상으로 돌아온 나는 자신감을 갖고 보고서를 보완해 나가기 시작했다. 처음에 작성한 보고서에서는 문제점을 간단하게 설명하고 넘어갔는데, 이번에는 수요자의 입장에서 "무엇이 궁금할까"라고 고민한 끝에 추가사항을 집어넣었다. 구체적으로 어떤 문제가 있는지를 설명하기 위해 여론조사 결과, 시스템 현황, 통계수치 들을 보완하고 나니 보고서 내용이 전보다 명확해진 것 같았다.

숫자를 중시하는 것은 기업의 영업보고서에나 적용된다고 생각했는데, 공무원 보고서도 마찬가지다. 막연하게 "'상당한' 문제가 예상됨" 또는 "작년보다 '확연히' 차이가 발생함" 식으로 보고서를 작성하는 것은 그만큼 실태를 정확하게 파악하지 못하고 있다는 것을 반증하는 것이다. 평상시에 통계조사나 분석 등을 꼼꼼하게 해놓아야 한다는 것을 새삼 다짐하게 된다. 그래야 '탁상공론'을 한다는 비난에서 벗어날 수 있을 것이다.

사례 3-2 보고서 보완 사례

성 과

◆ 지식관리에 대한 인식 및 관심 촉발
  · 민간의 지식경영을 도입, 정부 조직의 효율성 제고를 위한 수단으로 제시

◆ 정부 지식관리시스템 기반 구축
  · '05. 4월 현재 총 78개 기관 KMS 구축, 32개 기관 GKMC 연계

◆ 정부 공통혁신과제 선정
  · '05년도 17개 공통혁신과제의 하나로 선정

반 성

◆ H/W 중심의 지식관리에 치중
  · "지식관리=KMS 구축"이라는 단편적 사고가 지배적
  · 조직의 학습과 성장이라는 종합적 관점에서의 접근 미흡

◆ 지식관리시스템의 형식적 운영
  · 기 구축된 KMS의 경우에도 등록지식 건수 및 조회 건수가 전반적으로 저조하고, 등록된 지식의 수준도 낮은 편임

◆ 정부기관 간 지식공유노력 미흡
  · 각 부처의 정보독점 의식 및 폐쇄성으로 GKMC 연계 의지 부족

Ⅲ. 현행 정부지식관리센터(GKMC)의 문제점
(※정부지식관리센터(GKMC) 현황은 참고2)

o 형식적 연계: 지식의 양적 빈곤, 질적 수준 저하
- 부처별 평균 지식등록 건수는 평균 9,900건인 데 비해, GKMC에 지식연계 건수는 1,520여 건에 불과
※ 자체 KMS 구축기관 93개, GKMC 연계기관 57개

o 검색 기능 미약: 지식공유·활용 활성화 저해
- 정부기관 내 다양한 KMS 및 유관시스템에 대한 통합검색 불가로 사용자 접근 및 활용성 제약

o 시스템 용량 부족: 연계 데이터 관리에 한계
- 기관별 연계 KMS의 데이터는 지속적으로 증가하고 있으나 GKMC의 시스템 용량 부족으로 지식정보 수용 곤란

※ **정부 지식관리에 대한 요구사항 수렴 결과(요약)**

◇ 업무와 지식활동이 함께 연계될 수 있는 통합 지식관리체계 구축
- 온나라 업무관리시스템, 법제정보시스템, 정보공개시스템, 통계정보시스템 등 유관시스템을 통합·연계하여 다양한 지식 수집 제공
◇ 네이버, 구글 등 민간 포털 수준의 지식 검색 기능 개발·운영
◇ 정책논리개발 및 업무 매뉴얼 지속 보완의 장으로 활용되는 공간 마련

- '01년부터 구축·운영중인 정부지식관리센터(GKMC)의 문제점 단순 보완·개선만으로는 사용자 요구 수준에 맞는 서비스를 제공하는 데 한계
- 온 나라 업무관리시스템 도입·확산 등 업무수행 체계의 변화에 대응하여 행정지식의 활용을 높이고 정책품질 향상을 위한 새로운 정부통합지식관리시스템 구축

출처: 대통령비서실「정부지식관리시스템 현황분석」보고서

참고 3-5 e知園 초기화면

02 e知園에 접속해서 보고하기까지

이제는 작성된 보고서를 처리하는 단계다. 나는 보고서를 비서관에게 올리기 위해 e知園에 접속했다.

보고서를 올리면서 잠시 '지시바랍니다'로 보고해야 할 것인지 '업무보고입니다'로 보고해야 할 것인지로 고민했다. 결국 상급자의 지시나 의견을 받지 않고는 더 이상 진행할 수 없는 사안이기 때문에 '지시바랍니다'를 클릭했다.

두 시간 후 e知園 알림 기능이 "딩동!" 하면서 비서관이 보고서를 반환처리했다고 알려왔다. '처리의견'을 살펴보니 비서관이 "부처 의견 반영이 미흡하니, 보완해서 다시 올리라"는 것이었다.

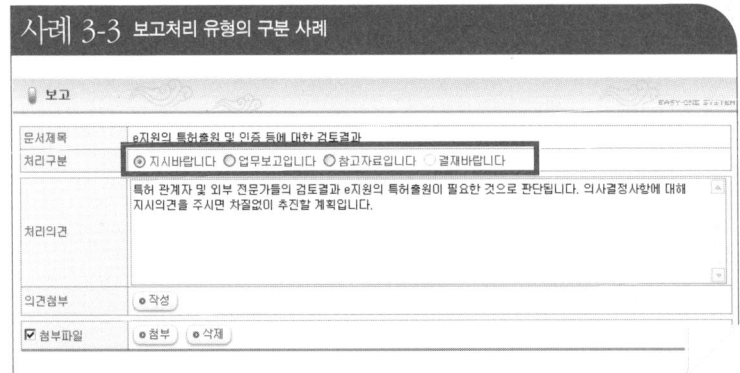

출처: 대통령비서실(「e知園의 특허출원 및 인증 등에 대한 검토결과」 보고서)

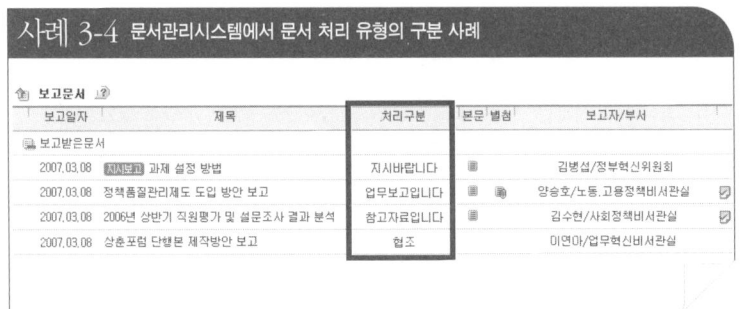

출처: 대통령비서실(e知園 문서관리시스템)

 보고 일정이 너무 지연되고 있어서 관계부처 과장급 회의를 긴급 소집했다. 아무리 급해도 회의자료와 회의계획은 사전에 통보해 주었다. 그러지 않으면 회의 시간에 내용을 일일이 읽고 토의하느라 시간만 많이 걸리고 중구난방이 되기 쉽다. 모두 바쁜 사람들이어서 핵심 의견수렴 중심으로 간단히 회의를 마쳤다.

 회의결과를 요약·반영해서 보고서를 올렸다. 이번에는 비서관을 통과해 수석에게까지 올라갔다. 그런데 수석으로부터 전화가 왔다. 보고서 내용이 일부 불명확하다는 것이었다. 구체적인 사업예산과

사례 3-5 보고서 내에서 중간검토자들 간의 토론이 이루어진 사례

● 경로부   ■ 전체경로보기

경로	요청상태	내용	처리결과	본문
과장 조영경			보고 2006.07.24 16:18:39	1.0
[참조] 오동호, 정호원, 남진웅, 이동욱, 최중환				
위원장 송하중	보고 [참고자료입니다] 2006.07.25 09:39:41	별첨 부분을 본문에 같이 붙이고 보고서 원문을 첨부하는 것이 나을 듯합. 검토하고 난 뒤 의견을 들읍시다.	반환 2006.07.25 10:00:37	(1.0)
과장 조영경	반환 2006.07.25 10:03:22	본문으로 별첨자료를 합치고, 별첨에 원문 연구보고서를 첨부하여 보고드립니다.	보고 2006.07.25 16:16:29	2.0
위원장 송하중	보고 [참고자료입니다] 2006.07.25 16:26:18	사회적 지표를 적절히 반영하여야 보다 균형잡힌 국가경쟁력 모델이 되리라는 것은 분명한 것 같습니다. 그러나 처음 예상했던 바와 같이 사회적 지표들은 계량화가 용이하지 않다는 점이 가장 문제가 되는 점입니다. 본 연구 결과는 연구진이 지금 사용할수 있는 사회지표를 채용한 모델입니다. 완벽하지는 않으나 이 후 개선을 위한 시도를 촉발시켜 멀지 않은 시일내에 균형잡힌 국가경쟁력 모델을 만들어 내게 되리라고 예상합니다.	보고 2006.07.25 16:26:42	(2.0)
사회정책수석 김용익	협조 2006.07.25 16:46:55	(정책기획위원장님께) ○ 수고가 많으셨습니다. 개념을 재정의해 주시고 자료도 풍부하게 정리해 주셔서 좋은 참고자료가 되겠습니다. 그러나 한두가지 논리를 보충해 주면 좋겠습니다. 1) 국가경쟁력이 기업경쟁력과 같지 않다는 점은 동의합니다. 그러나, 사회통합 등의 사회지표가 추가되면 왜 국가 경쟁력이 높아지는지요? 아물며 '좋은 사회'의 지표인 것은 분명하지만, 강한 '국가경쟁력'을 담보하는 지표인지도 ... 할까요? 2) 보고서에 선정된 지표들이 '국가 경쟁력'을 높이는 지표들로 선정된 기준이 무엇인지요? 이들이 일반적인 사회지표들의 단순한 취합인지, 아니면 '경쟁력'을 높이는 데 기여를 하는 지표들인지가 불분명합니다. ○ 어려운 질문이지만 보고서의 취지가 '국가경쟁력 개념'에 대한 것이기 때문에 보충이 필요하다고 생각합니다. 죄송합니다. ○	반려 2006.07.25 17:01:09	(2.0)
과장 조영경	반려 2006.07.26 09:13:05	사회수석님 의견에 대하여 3가지 관점에서 연구진들과 재검토를 하여 보고 드립니다. 첫째, 사회지표와 국가경쟁력과의 관계 둘째, 국가경쟁력 사회지표의 선정의 기준 및 타당성 셋째, 현 상황에서의 연구의 한계 및 극복과제 [검색어] 국가경쟁력, 사회지표 📎 [의견검보기]060808-정기위-국가경쟁력과 사회지표와의 관계(별첨3).hwp [34k]	보고 2006.08.08 18:01:56	(2.0)
위원장 송하중	보고 [참고자료입니다] 2006.08.10 13:16:41	사회수석께서 지적하신 점들은 연구진도 고민하던 것들입니다. 다시 한번 연구진에게 이 점들을 따져 보게 하였고 그 결과는 <별첨 3>으로 정리되어 있습니다. 역시 완벽하지 않고 허점이 있습니다. 그러나 이 보고 이후에도 관심을 가진 사람들이 지속적으로 논의하고 개선해 나가면 좀 더 편안한 작품이 될 것으로 기대합니다.	보고 2006.08.10 13:24:55	(2.0)
사회정책수석 김용익	협조 2006.08.10 14:54:15	(정책기획위원장님께) - 수고하셨습니다. 어려운 부탁을 드려 죄송합니다. 앞으로 좀더 같이 연구해 보도록 하면 좋겠습니다. (정책실장님께) - 지표들 간의 유기적인 관계가 규명되어야 하는데 이는 시간이 많이 필요할 것 같습니다. 우선 현 상태로 제출하도록에 동의합니다.	동의 2006.08.10 15:09:50	(2.0)
[참조] 윤대희, 차의환, 정문수, 김선화, 김홍덕, 김대기, 강태영, 김수현, 이호철				
정책실장 변양균	보고 [참고자료입니다] 2006.08.10 15:51:41	1. 동 연구는 기존의 기업 경쟁력 중심의 '국가 경쟁력' 개념이 국민생활의 질을 담보하지 않는다는 인식하에 사회지표(사회통합, 노사관계, 양성평등, 사회복지) 중심의 새로운 국가경쟁력 개념과 분석모형을 제시하고 있습니다. 연구가 설치 설명 연구진의 고민도 많음을 주목하며 사회자본(social capital)에 초점을 두고 국가 경쟁력을 새롭게 개념화하려는 첫 시도로서 금번 연구작업의 의의가 있다고 보여집니다. 2. 그러나 새로운 개념화 작업에 대한 다음 몇가지 지적에 대해서는 논리보강이나 추가 연구가 필요할 것으로 판단됩니다 ① '진정한 의미의 국가 경쟁력'이 전방위적 역량의 균형된 성숙과 발전 정도를 나타내는 개념으로 보아야 한다면 보고서가 제시한 '사회자본 중심의 국가 경쟁력 개념'도 한쪽으로 치우친 개념이 아닌가 하는 지적 (결국 사회자본도 국가경쟁력 구성요소의 하나라는 지적) ② 국가경쟁력 사회지표 선정기준(3가지)의 하나로 '국제비교를 통해 한국의 국제적 위상을 파악, 전략적 취약부문을 도출할 수 있는 지표'로 설정하고 4가지 사회지표(사회통합, 노사관계, 양성평등, 사회복지)가 이에 해당한다면, 현재 있고 있는 한국의 전략적 취약 부분 지표(대부분 하위권)만으로 구성된 국가 경쟁력 개념이 대표성과 보편성을 지닐 수 있는 지 여부	보고 2006.08.11 17:53:40	(2.0)
대통령	보고 [업무보고입니다] 2006.08.12 11:47:44	수고가 많으십. 학술적인 연구의 가치는 있을 것으로 보입니다만, 정책과제로 추진하기는 어려울 것 같습니다. 대통령의 지시사항으로는 이 정도에서 종료하시기 바랍니다. 당초 지시의 동기는, IMD, WEF 등의 보고서에 사회적 지표들이 많이 포함되어 있고, 비전 2030에서도 사회 자본이라는 개념이 등장했으므로, 해될된 보고서에도 사회 안정이 지속 가능한 성장의 요소라는 개념이 있으며, 사회적 지표와 국가경쟁력에 미치는 영향을 과학적으로 증명하는 일에 의미가 있겠다는 생각을 했던 것입니다. 정부가 감당하기에는 너무 벅찬 과제인 듯 합니다. 그 이상의 연구는 학문적 영역으로 넘기는 것이 좋을 것 같습니다.	열람 [확인] 2006.08.12 16:36:57	
[참조] 이병완, 이호철, 송진휘, 변양균, 조재희, 윤대희, 김성환, 김수현				
과장 조영경	지시 [확인] 2006.08.17 08:43:46		종료 2006.08.17 09:36:57	(2.0)

출처: 대통령비서실(「사회적 지표와 국가경쟁력에 미치는 영향」 보고서의 문서관리카드)

산정근거가 필요했다. 자료가 준비되어 있어 간단하게 내용 수정만 하면 되었다. 수석이 반환처리를 하지 않고 직접 고쳐 비서실장에게 보고서를 올렸다. '키보드 치는 대통령' 비서실이라 차관급 수석이 실무자처럼 직접 보고서를 고치는 것은 흔한 일이다.

NOTE 4

보고 일정을 잡는 것이 대통령비서실 행정관의 능력?

대통령에게 보고되기를 바라는 보고서는 굉장히 많다. 그러나 대통령의 시간은 한정되어 있다. 보고하고 싶다고 수백 건, 수천 건을 다 보고할 수는 없다. 따라서 대통령 보고서를 관리하는 부서는 계속해서 올라오는 보고서를 처리하는 것이 거의 '전쟁'에 가깝다. 과거 대면보고가 일반적이던 시대에는 더욱 심각했다. 보고하기 위해서는 대통령을 직접 만나야 했다. 각 부처에서 파견되어 대통령비서실에 근무하는 공무원은 '친정 부처' 장관의 보고 일정을 잡는 것이 가장 큰 임무였다. 그러다 보니 대통령 일정을 관리하는 측근들의 영향력이 커질 수밖에 없었다. '문고리 권력'이라는 말이 생긴 것도 그 때문이다.

공식적인 보고 장소가 아니어도 어쩔 수 없었다. 어떤 수단과 방법(?)을 동원해서라도 보고해야 했다. 대통령이 걸어가는 도중이나 행사장에서 잠깐 숨을 돌릴 때 기회를 놓치지 않고 보고서를 들이미는 경우도 있었다. 그 짧은 시간에 대통령이 무슨 결정을 내릴 수 있겠는가? 보고자가 얘기하는 것을 그냥 흘려듣고 "그래, 그래, 알아서 하세요" 하면 소위 "대통령의 재가가 났다"고 간주해 버린다. 겨우 짬을 내어 보고할 때도 대통령이 사전에 보고서를 꼼꼼하게 읽고 검토하지 못했으니 보고자가 얼마나 요령 있게 말하는가에 따라 결론이 난다. 대통령의 의사결정 폭을 그만큼 제한하는 것이다.

그러나 참여정부에 들어 이런 문제는 완전히 해결되었다. 대통령비서실 보고서를 보다 효율적으로 처리하기 위한 시스템이 구축된 것이다.

비서실장의 '처리의견'을 끝으로 드디어 내가 올린 보고서가 대통령에게까지 올라갔다. 대통령 보고서를 관리하는 부서에 확인해 보니, 이 보고서가 내일 대통령이 참석하는 행사에서 참고가 될 수도 있다고 했다. 보고서가 올라간 시각은 저녁 7시였다. 예전 같았으면 대통령의 대면 보고 시간을 잡는 것이 행정관의 능력이었다. 하지만 이제는 24시간 아무 때나 보고서를 올린다.

03 대통령 결재를 받다

다음 날 아침 출근해서 e知園에 접속하니 대통령의 결재 표시 메시지가 떴다. 결재 시간을 확인해 보니 새벽 5시 15분이었다.

대통령이 처리의견을 직접 써넣었는데, 다시 문의하지 않아도 될 만큼 상세했다. 대통령 결재문서를 처음 받았을 때는 제1부속실 행정관이 대신 의견을 써넣은 게 아닌가 생각했다. 그동안 내 상식으로는 대통령이 직접 키보드를 두드리는 모습을 상상하기 힘들었을 뿐 아니라 그렇게 믿기에는 내용이 꽤 많고 세밀했기 때문이다. 몇 달밖에 안 지났지만 이제는 이런 상황에 차츰 적응되어가고 있다.

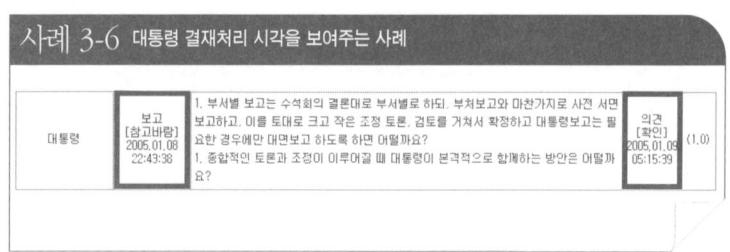

사례 3-6 대통령 결재처리 시각을 보여주는 사례

출처: 대통령비서실, 「비서실 업무계획 수립 방안」 보고서의 문서관리카드.

후속조치를 위해 관계부처에 대통령 지시사항을 포함하여 향후 처리 방향을 공문으로 전달했다. 필요하면 부처별 역할 분담과 관련한 회의도 개최해야 한다. 이제 남은 일은 보고서를 종결처리하여 기록관리로 넘기는 것이다. 몇 개의 아이콘을 클릭해 보존 기간과 비밀 분류 유형을 선택했다. 그리고 관련부처에 보낸 공문을 첨부문서로 등록하고 처리의견을 적은 후 '종료' 버튼을 눌렀다. 이제 이 보고서는 대통령비서실의 기록으로 영구 보존될 것이다.

동시에 처리해야 할 일이 하나 더 남아 있다. 대통령은 업무에 대한 지시사항 외에도 보고서 내용을 국민에게 공개하면 좋겠다는 의견을 제시했다. 그래서 보고서 공개 방법에 대해 홍보 관련부서와 협의했다. 공개에는 여러 가지 방식이 있다. 보도자료 형식으로 기자들에게 배포할 수도 있고, 청와대 브리핑에 올려 누구든지 조회할 수 있도록 하는 방법도 있다. 또는 정책고객관리시스템PCRM을 통해 오피니언 리더들에게 메일로 보낼 수도 있다.

이 보고서는 청와대 브리핑에 올려 국민 모두에게 제공하는 것이 적절하다는 결론이 났다. 간단한 취지와 함께 보고서를 청와대 홈페이지 관리부서로 보냈고, 청와대 브리핑의 '대통령과 함께 읽는 보고서'에 실려 누구나 자료를 조회하거나 다운로드를 할 수 있게 되었다.

이 같은 후속조치 과정은 대부분 또 다른 보고서 작성·처리의 시작이다. 하지만 이제는 어렵지 않다. 모든 것을 e知園 시스템이 도와주기 때문이다.

사례 3-7 대통령 처리의견 사례

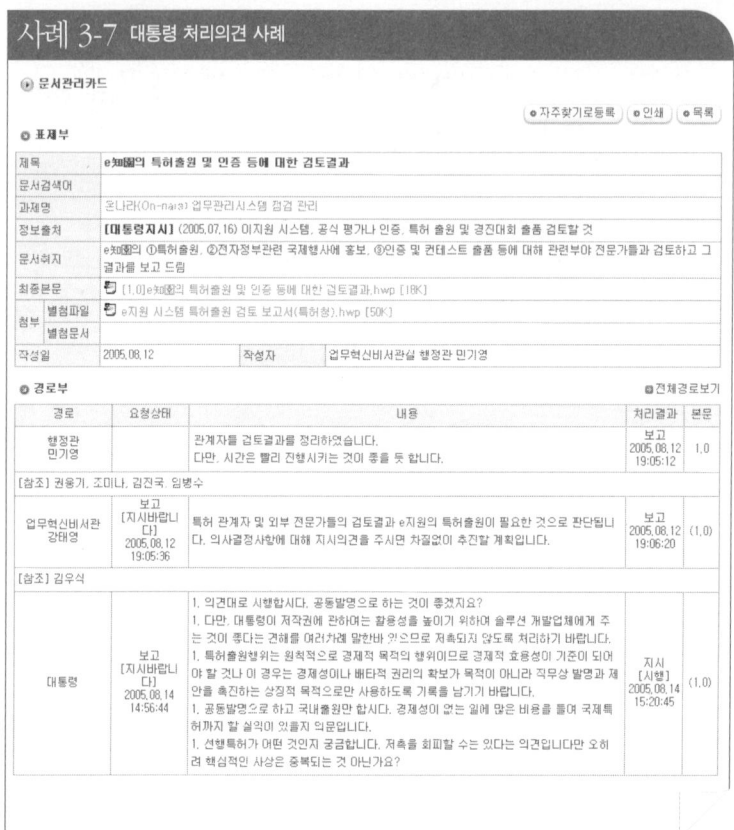

출처: 「대통령비서실「e知園의 특허출원 및 인증 등에 대한 검토결과」 보고서의 문서관리카드

정책보고하는 방법:
사회정책수석실 행정관의 사례

01 정책실에 파견근무하면서

나는 보건복지부 팀장에서 대통령비서실 행정관으로 1년 전에 파견된 17년차 공무원이다. 청와대 생활이 조기 출근과 업무 긴장감 등

으로 정부부처보다 힘든 일이 많지만, 최고의 정책결정기관에서 근무한다는 보람으로 일한다. 또한 국정 전반의 흐름을 파악할 수 있고 국가정책이 어떻게 만들어지고 처리되는지를 큰 틀 안에서 직접 경험할 수 있어 좋다.

정책실의 주요 역할은 정부부처의 정책을 종합하고 조정하는 것이다. 정책실은 대부분 해당 부처에서 파견된 일반직 공무원으로 구성되어 있다. 여러 부처 공무원들과 함께 일하다 보면 같은 공무원이라도 서로의 입장과 생각이 이렇게 다를 수 있구나 하고 느낄 때가 많다. 하지만 서로에 대해 배울 수 있는 기회가 주어지고 손쉽게 정보교환을 할 수 있다.

이러한 경험을 바탕으로 '주민생활지원서비스 전달체계 개편'이라는 실제 사례를 가지고 정책실에서 어떻게 정책의제를 발굴해서 처리하는지를 소개하고자 한다.

02 읍면동사무소 서비스가 문제임을 인식

흔히 '동사무소' 하면 전·출입 신고를 하고 주민등록 등·초본을 발행하는 곳으로 인식한다. 하지만 지방자치가 발달하면서 행정서비스가 보다 확대되었다. 그러다 보니 여러 가지 문제가 발생하기 시작했다.

읍면동사무소에서 제공하는 행정서비스는 보건복지부·노동부·문화관광부·여성가족부 등 여러 부처로 나뉘어 제공된다. 이를 집행하기 위한 조직도 따로 운영되어 일부에서 중복과 비효율성이 발생했다. 정부에서는 이러한 문제를 해소하고자 일선 현장에서 행정서비스를 통합하여 제공하는 정책을 본격적으로 추진하기로 했다. 2005년 10월, 노무현 대통령은 국회 시정연설에서 2006년 7월부터 읍면동사무소를 '주민복지문화센터'로 전환한다고 발표했다.

이후 국무조정실 중심으로 2005년 12월까지 읍면동사무소 개편을 위해 관계부처간 회의와 검토를 수차례 진행했다. 하지만 2006년 초까지도 추진의 주체, 구체적 추진계획 등을 마련하지 못하고 대통령의 대국민약속은 답보 상태에 머물러 있었다.

이 업무를 담당하고 있던 나는 2월 초 수석비서관이 주재하는 비서관회의에 배석하여 이러한 상황을 가감 없이 보고했다. 이 회의에서 "주민생활지원서비스 전달체계 개편이 당초 계획과 달리 제대로 추진되고 있지 않다"고 정리하고, 이를 청와대 차원에서 적극 관리해 나가기로 방침을 정했다.

03 회의를 통해 단계적으로 정책보고서 완성

나는 이 사안은 대통령이 국회에서 직접 국민에게 약속한 것이므로 문제가 있으면 대통령에게까지 보고해야 한다고 판단했다.

우선 비서실 내의 실무적인 공감대 형성이 중요하다고 보고, 이 문제를 기획조정실무회의에 안건으로 상정하기로 했다. 기획조정실무회의는 매주 수요일 오후에 열린다. 국정상황실, 경제정책수석실, 사회정책수석실, 기획조정비서관실, 홍보수석실 행정관 등이 참석하며, 대통령 주재 수석·보좌관회의 상정 의제를 실무적으로 사전

조율하는 기능을 한다.

지난해 10월 대통령 국회 시정연설문을 다시 살펴보고, 그 당시의 기초자료들을 다시 취합했다. 국무조정실, 행자부, 복지부 담당자와 전화통화를 하면서 문제점을 확인했다. 회의 참석자들 대부분이 사안의 중요성을 알고 있기 때문에 보고서는 문제점과 개선방안을 중심으로 작성했다. 그야말로 초안 수준으로 부담 없이 작성한 2쪽짜리 보고서였다(〈사례 3-8〉 참조).

회의에서 안건을 발제하자 다른 참석자들도 문제의 심각성을 인식하고 내가 제시한 대책에 공감을 표시했다. 또한 대통령 보고 여부 등 보다 책임 있는 논의를 위해 다음 단계인 기획조정회의에 안건을 상정하기로 결정했다.

나는 기획조정실무회의 논의결과를 사회정책비서관에게 보고했다. 비서관은 회의에서 나온 의견을 첨부해 기획조정회의에 상정하자고 했다. 기획조정회의는 매주 목요일에 열리는데, 정책실장이 주재하며 주요 수석실의 비서관들이 참석한다. 수석·보좌관회의 의제를 결정하고 대통령의 일정과 메시지를 최종 결정하는 회의다. 여기에 상정되는 보고서에는 실무자급 회의자료보다 현황 설명이 더 상세하게 들어가야 한다. 또한 정책의 기대효과와 향후 추진계획도 추가해야 한다.

이를 위해 퇴근 무렵 관련부처에 추가로 자료를 요청했다. 미안하지만 어쩔 수가 없었다. 1998년에 읍면동 기능개편 작업을 담당했던 공무원에게도 자문을 구했다. 다음 날 아침 일찍 출근해서 부처에서 보내온 자료를 추가하여 기획조정회의에 올릴 보고서를 재작

사례 3-8 기획조정실무회의에 제출한 자료

주민생활지원 전달체계 개편방안

사회정책비서관실

주민생활지원에 대한 지역주민의 정보·서비스 **접근성**과 **정책체감도** 향상이 가능하도록 하는 전달체계 개편방안 보고

〈**대통령님의 국회 시정연설 '05.10.12**〉(총리대독)

「희망한국 21」을 효율적으로 수행하기 위해 '06년 7월부터 읍면동사무소를 「주민복지문화센터」로 전환하여 사회복지 전달체계 혁신

1. 현행 시스템의 문제점 및 개편 방향

	〈 현행 문제점 〉	〈 개편 후 개선사항 〉
통합성	o 부처별, 대상자별 분산된 제도 집행 - 공공부조의 단순 현금급여 지급 - 지역주민의 다양한 욕구 파악 및 대응 곤란	o **포괄적** 주민생활 지원 - 평생교육, 문화, 복지, 보건, 고용, 여성·보육지원, 주거복지, 청소년 등 필요한 **정보 및 서비스 접근성** 증가 - 노인·장애인·아동·여성 대상별 **서비스 연계 강화**
신뢰성	o 정보의 종합적 제공 및 홍보 미흡 o 주민의 실질적인 필요에 대응하는 공공의 책임성 이행 미진	o 주민생활지원 관련 기초상담, 정보습득이 가능한 공공서비스 창구를 통해 정부에 대한 주민의 **신뢰 제고, 정책체감도** 향상
접근성	o 읍면동 사회복지 담당 인력 부족(1~2명)으로 찾아가는 서비스 불가 o 사회복지정책, 서비스·시설 등 지역 자원에 대한 상담 및 의뢰 곤란	o 읍면동에 행정직 재배치로 주민생활지원 인력을 확충하여 수요자 발굴과 **찾아가는 서비스** 실현 o 상담 공간과 친근한 환경 조성으로 주민 편의 향상
효율성	o 시군구 단위 사회복지 수요 파악 및 자원관리의 체계적 접근 부재 o 유사 정책의 혼선과 관련기관 간 중복적인 서비스 존재	o 지역 생활지원서비스 **기획 및 민-관 협력기반** 강화로 자원활용의 **효율성 증대** o 부처별 **관련 정책의 조정** 강화 및 서비스기관 간 **중복** 최소화

2. 세부 개편방안

☐ **시군구 본청 주민생활지원조직 통합**

o 본청의 실·과별로 분산되어 있는 평생교육, 문화, 복지, 고용, 여성·보육, 주거복지, 청소년 등 주민생활지원 관련 기능을 통합
- 주민생활지원 종합기획, 서비스 조정, 자원의 종합적 관리 기능 강화
- 局제 운영 시군구(138개)는 '주민생활지원국'을 설치, 局제를 운영하지 않는 시군(96개)은 주민생활지원조직을 확대 개편

o 1과 3~4담당 범위 내에서 주민생활지원 부서를 확대하고, 인력은 원칙적으로 순증 없이 재배치를 통해 조정

※ 지방자치단체가 자체 실정에 맞는 조직을 설계할 수 있도록 사무분장·명칭·인력배치·직렬책정 등은 자율적으로 조정

☐ **읍면동사무소는 주민복지문화센터(가칭)로 전환**

o 일반행정·민원 업무 중 주민밀착형 사무 이외에 사실증명, 새마을, 방역, 민방위 업무 등은 본청으로 이관(읍면 118건, 동 36건)

※ 민방위·호적 업무는 관계법률(민방위기본법, 호적법) 개정 이후 이관

- 읍면동사무소에 집중된 사회복지 업무 중 자산조사 업무 등을 본청으로 이관(읍면 23건, 동 24건)

o 행정·민원 업무를 담당하는 직원을 주민생활지원 업무로 재배치하여 주민생활지원 기능을 전담 수행하는 '주민생활지원팀'을 설치

☐ **공공기관 간 연계체계 강화**

o 지방교육청, 보건소, 고용안정센터 등의 연계 담당 인력 각 1인을 시군구에 배치, 업무 연계를 강화하는 방안 추진

※ 고용서비스 선진화, 사회적 일자리 확충 등「공공부문 인력 적정화 방안」과 연계하여 추진

o 공공·민간 서비스 종합정보시스템 구축 추진(중·장기 과제)
- On-line 연계체계를 구축하고, 대상자 정보 등 기관 간 정보공유 강화

※ 복지부 '국가복지정보시스템' 또는 행자부 '시군구정보화사업'에 포함하여 추진

출처: 대통령비서실「주민생활지원 전달체계 개편방안(기획조정실무회의 자료)」보고서

사례 3-9 기획조정회의에 보고된 자료

주민생활지원서비스 전달체계 개편

'06. 3. 사회정책비서관실

'05.10월 대통령님 국회 시정연설(총리 대독)에 따라 '06.7월 예정된 읍면동사무소 「주민복지문화센터」 전환을 비롯한 주민생활지원서비스 전달체계 개편 추진 상황을 점검하고 차질없는 추진을 위한 개선과제에 대해 보고드림

1. 주민생활지원서비스 전달체계 현황 및 문제점

□ 전달체계 현황

〈공공 부문〉

o 전달체계①: 중앙부처 정책을 지방자치단체를 통해 제공
 - 복지부·여성부 등 → 시·도 → 시·군·구 → 읍·면·동 → 수요자

o 전달체계②: 중앙부처가 직접 특별지방행정기관을 통해 제공
 - 노동부·보훈처 등 → 특별지방행정기관 → 수요자

o 전달체계③: 지방자치단체가 자체 시책에 따라 제공
 - (시·도) → 시·군·구 → 읍·면·동 → 수요자

o 전달체계④: 중앙정부가 별도의 공공기관을 설립하여 제공
 - 국민연금관리공단 등 공공기관 → 수요자

 ※ 국민건강보험·한국산업인력·근로복지·주택관리공단, 한국도로·한국관광·대한주택·한국수자원공사 등

〈민간 부문〉

o 전달체계①: 자원봉사단체 등과 같이 순수한 민간기관이 제공

o 전달체계②: 정부·지자체의 지원을 받는 기관·단체가 제공
 - (정부·지자체 지원) → 민간법인·기관·시설 → 수요자

□ 현행 전달체계의 문제점

o 공급자 중심의 전달체계로 주민 불편 야기
 - 공공 부문과 민간 부문 모두 공급자 중심의 분절된 서비스를 제공
 - 수요자가 대상 서비스별로 개별 기관·부서를 일일이 방문해야 함 (1방문 1서비스)

o 공급자·전달체계 간 연계 미비로 비효율성(중복·누락) 야기

① 공공 부문
- 중앙부처 간 서비스 분야별 연계 없이 개별적 서비스 제공
- 지방자치단체 내부에서도 부서 간 연계 및 정보공유 없이 기능별로 당해 부서에서 서비스를 제공

② 민간 부문
- 민간기관 간 연계 없이 개별적 서비스 제공
- 민간 부문의 자발성·독자성 없이 공공기관에 예속되어 참여 미흡

③ 공공 부문과 민간 부문 간 관계
- 공공 부문과 민간 부문 간에 연계·협력체계와 정보공유 없이 독자적인 서비스를 제공

⇨ 공공 부문과 민간 부문이 모두 공급자 중심으로 운영되며, 연계·협력체계 및 정보공유 없이 개별적인 서비스를 제공

2. 주민생활서비스 전달체계 개편 방향 및 기대효과

〈개편 방향〉

☐ 시군구 본청 주민생활지원조직 통합

o 본청의 실·과별로 분산되어 있는 평생교육, 문화, 복지, 고용, 여성·보육, 주거복지, 청소년 등 주민생활지원 관련 기능을 통합
- 주민생활지원 종합기획, 서비스 조정, 자원의 종합적 관리 기능 강화
- 局제 운영 시군구(138개)는 '주민생활지원국'을 설치, 局제를 운영하지 않는 시군(96개)은 주민생활지원조직을 확대 개편

o 1과 3~4담당 범위 내에서 주민생활지원 부서를 확대하고, 인력은 원칙적으로 순증 없이 재배치를 통해 조정

※ 지방자치단체가 자체 실정에 맞는 조직을 설계할 수 있도록 사무분장·명칭·인력배치·직렬책정 등은 자율적으로 조정

☐ 읍면동사무소는 주민복지문화센터(가칭)로 전환

o 일반행정·민원 업무 중 주민밀착형 사무 이외에 사실증명, 새마을, 방역, 민방위 업무 등은 본청으로 이관(읍면 118건, 동 36건)

※ 민방위·호적 업무는 관계법률(민방위기본법, 호적법) 개정 이후 이관

o 읍면동사무소에 집중된 사회복지 업무 중 자산조사 업무 등을 본청으로 이관(읍면 23건, 동 24건)

(후략)

출처: 대통령비서실(「주민생활지원서비스 전달체계 개편방안(기획조정회의 자료)」 보고서)

성했다.

  기획조정회의에서 사회정책비서관이 보고서를 발표했다. 정책실장은 "대통령의 대국민 약속사항임에도 잘 진행되지 않는 경우로, 수석·보좌관회의에 의제로 올려 점검해야 할 대표적인 사례"라고 지적했다. 이렇게 해서 이번 사안은 다음 주 월요일에 개최되는 대통령 주재 수석·보좌관회의에 상정하는 안건으로 확정되었다.

04 대통령의 지시로 방향이 정해지다

  기획조정회의 결과를 사회정책수석에게 보고했다. 수석은 일요일 오후에 수석·보좌관회의에 올릴 최종보고서를 검토하자고 한다. 가족에게는 미안하지만 주말에도 출근을 해야 했다. 대통령 주재 수석·보좌관회의에서 최종 정책결정이 이루어지기 때문에 회의자료 작성에 심혈을 기울였다.

  목요일 퇴근 무렵 부처 담당자들에게 수석·보좌관회의에 안건이 상정된다는 사실을 알렸다. 부처별로 추진 경위와 각종 회의에서 논의된 과정·내용·결과 등 상세한 내용을 보내줄 것을 요청했다. 가능하면 금요일까지 마무리할 수 있도록 협조를 부탁했다. 부처 담당자들까지 주말에 출근하도록 종용할 수는 없었다.

  이번 보고서의 핵심은 정책의 필요성이 아니라 대통령의 지시에도 불구하고 추진이 지지부진했던 원인분석에 있었다. 각 부처의 추진과정을 일목요연하게 보여줌으로써 문제점을 명확히 도출하고 대통령의 추진의지를 재확인하는 것이 중요했다. 이를 위해 보고서 구성을 할 때는 복잡한 추진 경위를 한눈에 파악할 수 있도록 1페이지 분량으로 도표화했다. '결론'으로는 국무조정실에 주민생활지원서비스 전달체계 추진단을 만들어 운영하는 방안을 제시했다.

월요일에 개최된 대통령 주재 수석·보좌관회의에서 사회정책수석이 문제점과 개편 필요성, 추진 경위 등을 보고했다. 대통령은 경제정책수석 등 다른 참석자들의 의견을 모두 듣고 "△사회정책수석실이 주도하여 청와대 내 추진기구Task Force를 설치할 것 △각 부처별 업무와 계획을 구체화하여 실행계획을 만들 것 △대통령이 주재하는 회의에서 관계부처 장관이 모여서 최종적으로 결정할 수 있도록 할 것"을 지시했다.

추진 주체가 국무조정실에서 청와대 TF로 바뀐 것을 제외하고는 우리가 건의한 대로 결정된 셈이다. 그동안 고생한 것에 보람을 느낄 수 있는 보고였다. 회의 후 대통령 지시에 따라 청와대에 사회정책수석을 단장으로 하는 TF를 구성하고 행정자치부에는 추진단을 설치했다. 이후 수차례의 회의를 거쳐 행정서비스 전달체계 개편방안이 최종 정비되었다. 정신없이 봄날을 지낸 결과, 2006년 7월에는 대통령이 약속했던 주민생활지원서비스 전달체계의 개편이 완료되었다.

아이디어 수준의 보고서 초안이 여러 단계의 협의와 토론을 거쳐 제대로 된 정책보고서로 완성되어가는 과정이었다. 관심을 가지고 집중적으로 관리해야 할 의제로 떠오른 문제가 몇 차례 회의를 거치면서 정책의 완결성을 갖출 수 있었다. 실무자로서 큰 보람을 느끼는 순간이었다.

사례 3-10 대통령 주재 수석·보좌관회의 보고자료

주민생활지원서비스 전달체계 개편 추진 점검 및 향후 과제

행정시스템 혁신 차원에서 추진되고 있는 주민생활지원서비스 전달체계 개편 추진 상황을 점검하고 향후 과제에 대해 보고

1. 전달체계의 문제점과 개편의 필요성

□ **주민생활서비스의 개별적이고 분산적인 제공**

o 여러 부처의 생활지원서비스가 **부처별 전달체계**에 따라 각각 제공

  ※ 보건복지부, 노동부, 여성가족부, 건설교통부, 교육인적자원부, 문화관광부, 청소년위원회 등 중앙부처의 사업이 **개별적으로 지방자치단체와 일선 특별행정기관을 통해 지원**('05년 7개 부처에서 기초생활보장과 노인·장애인·아동지원 150여 개 사업에 8조 2천억 원 지원)

o **수요자인 지역주민의 입장**에서 보건과 복지, 고용, 교육, 문화, 생활체육, 육아 등을 연계한 맞춤형 통합서비스 제공 부재

  ※ 호주의 경우 25개 부처가 시행하는 소득지원사업을 400개 소 센터링크를 통해 원스톱으로 제공

□ **낮은 복지체감도 및 예산의 비효율적인 사용 가능성**

o 공공복지 예산 확대에도 불구하고 **행정체계 혼란, 민간협력 네트워크 부재** 등으로 복지체감도가 낮고 예산의 비효율성 발생 가능

  ※ '05년 사회보장예산이 13조 원으로 '97년 4조 원에 비해 **3배 이상 증가**하였으나, 국민기초생활보장제도·노인복지·장애인복지 등 공공복지서비스에 대한 **만족도는 평균 13.5%**에 불과('03년 한국보건사회연구원 조사)

□ **지역사회 민간자원의 개별적 활동과 민간-공공 협력체계 미흡**

o 주민생활과 관련된 다양한 민간단체, 시설 등이 있으나 정부에 대한 의존도가 높고 **상호협력 없이 개별적으로 활동**

o 기업복지재단, 모금단체, 종교계, 자원봉사단체 등 **지역사회 내에 많은 민간자원**이 활동하고 있으나, **민간-공공 간 연계가 부족**하여 중복 지원

⇒ 일선 현장의 주민생활지원시스템 혁신으로 통합적 서비스 제공과 지역사회 자원의 적극적 활용을 통해 복지체감도 증대 필요

2. 전달체계 개편의 추진 경위

□ 읍면동사무소의 「주민복지문화센터」 전환을 비롯한 주민생활지원 서비스 전달체계 개편은 **여러 경로를 통해 추진됨**

[주민생활지원서비스 전달체계 개편 관련 추진 경위 흐름도]

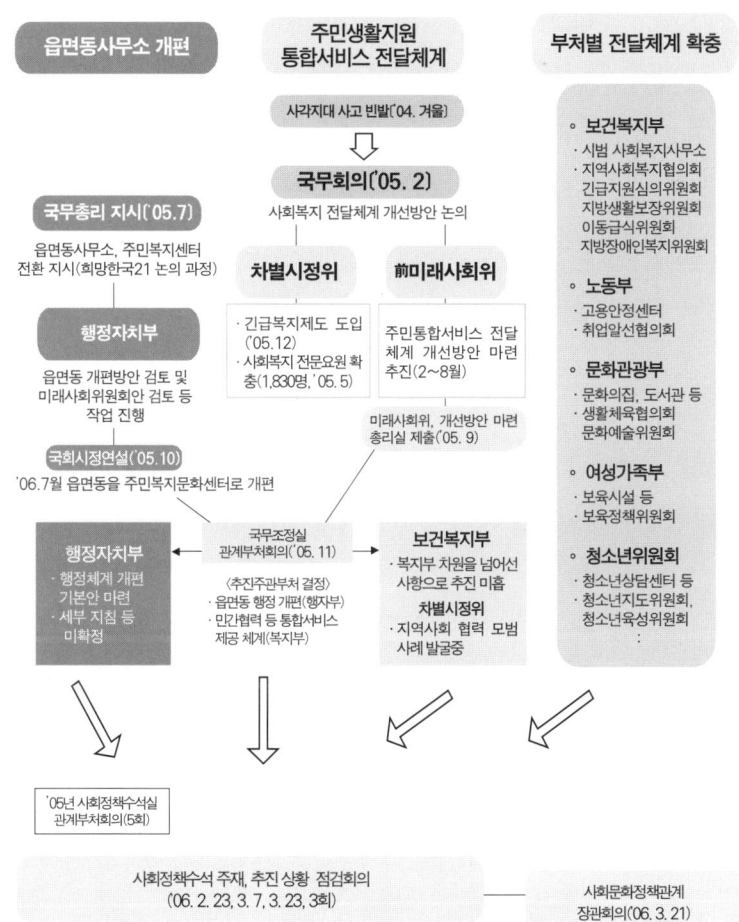

출처: 대통령비서실(「주민생활지원서비스 전달체계 개편 추진 점검 및 향후 과제(수석·보좌관회의 자료)」)

참고 3-6 주민생활지원서비스 관련 대국민 홍보자료

1. 주민생활지원서비스 무엇이 문제인가?

너무나 복잡한 전달체계, 주민들은 모르고 있습니다.

- 주민생활지원서비스란 주로 위에 주민복지서비스 뿐 아니라 주민의 삶의 질 향상과 관련된 모든 서비스를 말합니다.
- 우리나라 국민들은 복지·보건·고용·주거·문화 등 8개 분야, 월 250여종의 생활지원서비스를 받고 있습니다.
- 그러나 이들 서비스가 다부처가 수혜의 복잡한 전달체계 되어있거나 잘 몰라서 수혜를 받지 못하는 경우도 있습니다.
  - 예비 이웃 서비스를 받을 수 없는지 알기 어렵습니다.
  - 서비스별로 보·사용·양식이 달라 헷갈립니다.
  - 서비스별 정보·수혜에 방문해야 하는 예산이 나옵니다.

주민생활지원서비스 혁신

행복한 대한민국 만들기
www.mogaha.go.kr

여러분 이웃 서비스를 받을 수 있는지 잘 모르시겠다고요?
가까운 읍·면·동사무소 시·군·구청을 찾으세요.
여러분이 필요한 모든 생활지원서비스를 한번에 받아 행복해 드립니다.

행정자치부

전문가에 혁신, 삶의 질 향상의 지름길입니다

- 더 빠뜨 와닿는 서비스가 제공되어 서비스만족도가 향상 됩니다.
- 가까운 곳에서 서비스를 받을 수 있어 편리합니다.
- 서비스의 중복과 누락이 방지되어 복지 사각지대가 해소 됩니다.
- 민간부문의 자원을 활용할 수 있어 정부복지의 효율성이 높아집니다.
- 신속한 민원처리 행정의 효율성 또한 높아집니다.

주민이 찾아뵐 수 있는 행복에 대한 맞춤형 사회를 지향합니다.

주민에게 다가가는 복지서비스를 고민합니다.

이제 주민을 위한 맞춤형 생활지원서비스가 제공됩니다.

왜나다 복지관련 정책이나 예산은 늘었어도 일은 늘어나는데
주민들이 느끼는 복지체감도는 세계로 불만이 왜 갈수록 많은 것일까요?
복지·고용·주거 등 다양한 주민생활지원서비스가
주민들에게 전달되는 방식에 문제가 있기 때문입니다.

이제 주민생활지원서비스 전달체계 혁신이 시작됩니다.
가까운 읍·면·동사무소 시·군·구청 생활지원서비스 신청하세요.
편리한 서비스를 맞춤 형으로 편리하게 제공받을 수 있습니다.

행정자치부
주민서비스혁신추진단
서울시 종로구 세종로 55번지 도별빌딩 5층 TEL 02-2100-1751~4, FAX 02-2100-1759

4. 어떤 효과가 기대되나?

회의와 행사가 많은 청와대:
안보정책수석실 행정관의 사례

01 안보실에 근무하면서

나는 참여정부 출범 초부터 대통령 안보 분야 업무를 보좌해 온 행정관이다. 20여 년 공무원으로 근무한 경험을 밑거름 삼아 대통령의 안보철학이 현장에서 원활히 구현되도록 하는 역할을 맡고 있다.

청와대 안보실은 외교·통일·국방·정보 등 안보 분야 업무를 총괄한다. 모든 정상회담뿐 아니라 북핵문제, 국방개혁, 한미동맹, 남북관계 등 굵직한 안보 현안에 있어서 5명의 비서관과 수십 명의 행정관들이 대통령을 보좌하고 있다. 참여정부 초창기에는 NSC(National Security Council, 국가안전보장회의) 사무처로 출발했으나 2006년 초 대부분의 조직이 대통령비서실로 흡수되었다.

북핵위기와 이라크파병에서 시작한 참여정부의 안보팀은 하루도 바람 잘 날이 없었다. 사회적 이슈가 된 것만 해도 용산기지 이전, 평택기지 건설, 방위비 분담금 조정, 미2사단 후방배치, 주한미군의 감축과 전략적 유연성 합의, 전시작통권 전환, 방위사업청 개청, 금강산 육로관광 본격화, 개성공단 개발, 독도문제와 동북공정문제 대응, 반기문 유엔 사무총장 진출 등 일일이 나열하기도 힘들 정도다. 지난 30년간 한국 외교안보사의 변화보다 더 많은 변화가 참여정부 기간에 일어났다는 평가까지 나올 정도다.

이러한 안보의 격동기를 거쳐왔지만, 안보실 행정관으로서 할 수 있는 말은 극히 제한적이다. 대부분의 업무가 비밀인 까닭이다. 여기서 안보실에서 주최하는 회의와 행사에 대해 소개하겠지만, 이는 안보실의 주된 업무가 아니다. 사실 국가안보 전략을 짜고 외교·국방·통일 현안 정책을 조율하며, 각종 정보를 종합하고 국가위기를 관리하는 것이 주요 역할이다. '안보실 사람들이 일하는 법'을 가벼운 터치로 묘사했는데, 이 점을 감안해 읽어주기 바란다.

02 회의로 아침을 여는 청와대

아침 5시 30분, 오늘은 다른 날보다 30분 먼저 일어났다. 7시 30분에 비서관이 당·정·청 협의회에 참석해야 하기 때문에 회의자료를 챙겨야 한다. 어젯밤 10시경 초안은 완성되었지만, 밤새 언론·방송 동향을 파악해 일부 내용을 수정해야 한다. 일단 새벽에 배달된 신문 2개를 읽고 집을 나섰다.

6시 20분, 아침운동을 하러 나온 동네주민들이 서성거리는 무궁화동산을 지나 서별관 앞에서 청와대 출입 표찰을 꺼내 달았다. 검색대를 통과하니 경호실 직원들이 밝게 인사한다. 청와대에 출입하는 모든 사람에게 친절을 베푸는 경호실 직원에 대해 언젠가 모 일간지에서 칭찬하는 기사를 실었던 생각이 난다.

친절해진 청와대 금자씨

"안녕하세요. 청와대 ○○○입니다."
상냥한 여성의 목소리가 흘러나온다. 예전의 불친절했던 청와대 교환전화를 기억하는 사람이라면 깜짝 놀랄 만하다. 말을 잘라 먹기 일쑤였던 데다 자신들의 정체를 숨기려는 인상이 강했던 예전의 교환원들이 아니다.

이런 '친절함'이 시작된 것은 올해 청와대 김세옥 경호실장이 경호실 전반의 혁신을 독려하면서부터다. 경호실에 속해 있는 통신부 정용우 부장은 "통신부에서 혁신할 수 있는 게 뭐가 있을까 생각하다 보니 청와대 교환 업무가 민간의 친절도에 비해 떨어진다는 생각을 했다"면서 "예전엔 청와대에 권위적인 문화가 있어서 외부 전화를 차단하는 게 보통이었지만 어차피 민원 때문에 청와대로 전화하는 사람들인데 담당 부서로 친절하게 연결시켜주자고 생각했다"고 말했다.

정 부장은 이런 생각을 김 경호실장에게 말했고, 김 실장은 흔쾌히 동의했다고 한다. 이후 올해 초에는 자체 예산을 들여서 일단 현재 상태를 진단하기 위해 전문 컨설팅업체에 평가 및 교육을 의뢰했다. 3월부터 본격적인 친절교육을 받으면서 동시에 '고객'들에게 친절히 대하기 시작했다.

고객들의 반응은 폭발적이었다. 청와대 직원 중 한 명은 전화를 걸었다가 너무 친절하게 받아서 잘못 건 줄 알고 끊은 적도 있다고 한다. 정 부장은 "그런 사람이 많을 것 같아서 내부 인트라넷에 '친절하게 받아도 잘못 건 것이 아니니 끊지 말라'는 공지까지 올렸다"고 했다.

다만 이 교환번호는 아직 일반대중에게 공개돼 있지는 않다. 청와대, 정부부처 및 공공기관, 청와대와 업무 협조를 해야 할 기업들과 언론사 등에 한해 공개된다. 114에 청와대 전화번호를 물어보면 알려주는 02)730-5800번을 돌리면 컴퓨터 음성이 답한다. (……)

출처:『내일신문』(2005. 7. 13), 김형선 기자

여민3관 건물에 도착해 보니 안보정책수석실과 홍보수석실 산하 여러 사무실에 벌써 불이 훤하다. NSC 상황실은 24시간 3교대 근무 체제이니까 그렇다 치더라도 홍보수석실 국내언론 담당자들은 항상 새벽 4~5시경에 출근한다니, 나는 '늦장' 출근인 셈이다.

6시 30분, 사무실 자리에 앉자마자 컴퓨터부터 켠다. 보안 절차를 통과하느라 몇 단계에 걸쳐 아이디와 비밀번호를 넣자 청와대 업무관리시스템인 e知園에 접속되었다. 언론 동향을 살펴보기 위해 디지털신문 검색 기능을 이용해 오늘 회의자료와 관련된 키워드를 쳐서 기사를 검색했다. 어젯밤에 안 나왔던 칼럼과 외신기사가 눈에 띈다. 핵심 내용만 요약해서 회의자료를 급히 수정한 후 비서관에게 보고하고 나니 벌써 7시다.

이제 7시 30분에 시작하는 안보실 주요 동향회의 준비에 들어갈 차례다. NSC 상황실과 국내언론비서관실에서 편집해서 보내온 주요 언론보도 내용을 훑어본 후 관련 있는 보도에 대해 사실 확인을 한다. 다른 비서관실에서 이 보고서를 만들기 위해 24시간 밤샘근무를 하거나 새벽에 나와 일했다고 생각하니 미안하기도 하고 고맙기도 하다. 하지만 짧은 아침 시간에 모든 것을 확인하기란 불가능하기 때문에 전날 밤늦게 연합뉴스와 포털 뉴스 검색 기능을 이용해

주요 내용은 미리 점검해 두었다. 보도내용 중에는 건전한 비판내용으로 정책에 반영할 것, 추가 설명이나 해명이 필요한 것, 오보나 반박 대응이 필요한 것 등이 있다. 회의와 관련해 국방부 대변인과 전화로 협의하는 동안 방위사업청 정책홍보관실에서 팩스를 보내왔다.

또 다른 주요 회의자료로는 안보실에서 주요 정책 담당자들에게 제공하는 '안보 분야 주요 동향'[2]이 있다. 어제 저녁에 초안을 만들었지만, 아침에 보니 정책 동향에 들어간 내용이 일부 언론에 보도되어 시사성이 떨어졌다. 주요 동향 편집 담당 행정관에게 추가할 내용을 통보해 주고 나니 회의에 들어가야 할 시간이 거의 다 되었다.

2 안보실이 발행하며, 통일·외교·국방 등 안보 분야의 주요 정책과 정보사항을 요약·정리한 보고서다.

주요 동향회의는 안보정책수석이 주관하고, 안보 분야 각 비서관과 선임행정관, 해당 업무 담당 행정관이 참석한다. 통일·외교·국방·정보 분야의 정책과 정보, 언론 동향에 대한 점검이 일사천리로 진행되었다. 이 회의결과를 가지고 안보정책수석이 8시에 비서실장 주재의 일일상황 점검회의에 참석한다.

이제 한시름 놓았다. 하지만 행정관으로서 할 일은 아직 안 끝났다. 팀별로 오늘 할 일에 대한 자체 점검회의를 곧바로 해야 한다. 8시 30분에는 비서관 주재의 비서관실 회의가 있다. 오늘 오후에는 대통령 주재 국방발전자문회의가 있기 때문에 준비하고 점검해야 할 일이 특히 많다. 참석자 명단 최종 확인과 행사에 앞서 사전 보고자료 준비, 행사 후 보도자료 작성 등은 모두 행정관의 몫이다. 이때는 3~4명의 행정관 모두가 손발이 안 보이게 움직여야 한다.

비서실 내부회의뿐 아니라 관계부처 공무원이나 전문가 회의는 물론이고 국가안전보장회의, 국무회의 등의 준비도 모두 행정관의 몫이다. 홍보기획실무회의, 기획조정실무회의, 정책조정실무회의 등 다른 비서관실과 수평적으로 하는 회의도 1주일에 1~2회씩 열린다. 각종 회의나 행사와 관련하여 행사기획, 회의계획 수립, 회의자료 준비, 회의결과 정리, 지시사항 후속조치까지 하다 보면 어느덧 '회의' 주의자會議主義者가 되지 않을 수 없다.

03 비서관과 수석이 바쁜 이유

안보실에만 국한되는 것은 아니지만, 여기서 잠시 비서관급 이상 청와대 참모들이 일하는 모습을 간단히 소개한다.

보고서 작성과 관련하여, 비서관이 이를 직접 하는 것은 흔하지 않다. 대신 비서관은 보고받은 문서를 가장 많이 수정하고 검토하는 역할을 한다. 비서관은 각종 회의에 참석하고 대외활동이나 대면보고를 하느라 늘 바쁘다. 비서실 내에서 작성되는 보고서는 이러한 회의나 내부보고가 주된 목적이다. 이를 책임지는 일선 부서장이 비서관인데, 수석과 행정관 사이에서 중간관리자 역할을 한다. 매일같이 쏟아지는 보고서를 고치고 또 고치다 보면 비서관들은 '수정' 주의자修正主義者가 된다.

비서실 내 행정 단위는 수석비서관실이다. 그만큼 해당 분야의 수석이 책임지고 처리해야 할 일이 많다. 대통령에게 보고할 사안은 반드시 실장(비서실장·정책실장·안보실장)에게 보고된다. 실무회의는 행정관이 주관하기도 하지만 통상 고위급 회의는 수석이나 비서관이 사회를 맡는다. 비서실 내에서도 위로 올라갈수록 대외활동과 대통령 행사 참석이 많아진다. 수석이나 실장이 직접 주재하는 회의도 많지만, 대통령 참석 행사에서 주로 사회를 담당한다. 그러니 수석들은 '사회' 주의자社會主義者란 별명을 들을 수밖에 없다. 하지만 사회 보기를 좋아하는 '사회' 주의자라 할지라도 수석이 주관하는 회의 일정을 잡기가 쉽지 않다. e知園이 도입되었지만 물리적으로 시간을 내야 하는 회의 시간까지 줄어드는 것은 아니기 때문이다.

비서관급 이상 청와대 참모들은 본인이 관장하는 업무가 아니어도 각종 주요 현안 논의에 자주 참석한다. 가까운 거리에서 대통령의 국정 운영 전반을 보좌하기 때문에 해당 분야 업무만 잘해서는 곤란하다. 모든 행정관에게 해당되는 것은 아니지만 적어도 비서관 이상은 대통령과 국정철학을 공유하고 호흡을 같이할 수 있어야 한다.

국정에 대한 무한 책임의식, 국가에 대한 헌신과 국민에 대한 봉사정신이 없어도 '공무원 노릇' 하는 것이 가능하다. 하지만 청와대에서 '제대로' 근무하는 것은 불가능하다는 게 개인적인 생각이다.

04 하나의 대통령 관련 행사가 탄생하기까지

텔레비전 뉴스에 잠시 대통령 모습이 비치기까지 뒤에서 과연 어떤 일이 벌어지고 있을까? 안보실에서 주관하는 한 행사를 통해 행사 기획, 사전준비, 행사진행, 후속대책까지 일련의 과정이 어떤지 소개하고자 한다.

● 2005년 6월 30일은 군사비밀의 커튼 뒤에 있던 국방과학연구소Agency for Defense Development, ADD가 언론의 집중 조명을 받은 날이다. 이 행사는 2003년 11월 23일 처음 검토되었지만 여러 가지 사정 때문에 대통령 일정으로 반영되지 못했다. 그러다가 2005년 4월 7일, 드디어 이 행사를 본격 검토하라는 지시가 떨어졌다.

● 4월 25일, 행사 관련 행정관들이 참석하는 홍보기획실무회의가 열렸다. ADD 방문을 6월, 8월 또는 10월로 할 것인지를 집중 논의한 끝에 6월에 하기로 의견을 모았다. 5월 19일, 정책실장이 주관하는 기획조정회의에서 '6월 중 하루'로 결정됐다. 이 결과는 5월 23일의 대통령 주재 수석·보좌관회의에 보고되었다.

이 회의에서 대통령의 지시가 떨어졌다. "ADD 방문에 앞서 국가과학기술체계 속에서 국방과학기술의 위치와 전망, 그리고 방위산업의 발전 방향에 대해 검토하여 보고하라"는 것이다. 정부부처와 국책연구기관 전문가들과 10여 차례 회의를 거듭한 끝에 6월 24일에는 '국방과학기술 현황 및 발전전략'이라는 제목으로 10쪽짜리 보고서를 대통령에게 보고했다.

한 달여 전부터는 현장 행사준비에 착수했다. 비서실과 관련 기관들로 ADD 행사준비팀이 꾸려졌다. 모두 3차례에 걸쳐 ADD 현장답사를 통해 행사를 점검했다.

- 6월 30일, 행사 당일이다. 다행히 날씨가 좋아서 야외행사인 장비관람과 사진촬영에는 문제가 없었다. 내가 챙겨야 할 주요 사항은 언론 '보도자료' 다. 대통령 메시지가 어떻게 언론에 전해질 것인지는 보도자료에서 1차적으로 결정된다. 행사 전에 초안은 완성되었지만, 현장에서 직접 듣고 첨삭해야 한다.

드디어 대통령이 도착하고 본 행사가 시작되었다. ADD 소장의 업무 보고 후 참석자의 자유발언 시간이 있었다. "자주 방문해 달라"는 건의에 "늦게 온 것을 나무라는 것 같다"고 답하자 긴장감에 휩싸였던 행사장에 폭소가 터졌다. "말씀드릴 사항을 준비했는데, 보고 속에 다 있어서 할 말이 없다"면서 대통령은 국방과학기술에 대한 대통령의 생각을 밝혔다. '보도자료'를 일부 첨삭해서 부대변인에게 넘겨주자 일단 '현장 상황 종료' 다.

행사는 성공적으로 끝났다. 하지만 후속조치까지 끝내야 행정관으로서 모든 임무가 끝난다. 대통령 언급사항과 참석자들 발언을 토대로 지시사항과 조치사항을 간추렸다. 이 중에서 ADD 연구원의 처우개선문제는 기획예산처에 예산이 반영되는 것을 확인하기까지 4개월이 걸렸다. 행사를 본격적으로 준비하기 시작한 4월 초부터 모든 관련 조치가 끝나기까지 6개월이 걸린 셈이다.

대통령이 참석한 행사에는 항상 긴장감이 흐른다. 준비 과정도 길고 힘든 일도 많다. 하지만 이런 행사일수록 행정관으로서 느끼는 보람은 크다.

맺음말 독자의 손끝에서 숨쉬는 책이 되길…

　2006년 초 청와대 내부의 혁신활동으로 나온 「보고서 잘 쓰는 법(보고서 작성 매뉴얼)」을 일반국민도 읽을 수 있는 책으로 내자는 얘기가 처음 나왔을 때, 연구팀은 '만들어놓은 「보고서 작성 매뉴얼」에서 문체나 좀 바꾸고 살이나 붙이면 되겠지'라고 간단하게 생각했다. 그래서 이 매뉴얼을 책으로 만들어보자고 의견을 모았을 때만 해도 책을 만드는 데 이렇게 많은 시간과 에너지가 드는 줄은 예상하지 못했다.

　왜냐하면 이미 「보고서 작성 매뉴얼」이 청와대의 최우수 혁신사례로 평가받은 데다가 정부 각 부처에서 강의 요청이 쇄도하는 등 공무원 사회에서는 꽤 알려져 있었기 때문이다. '내용이 좋으니 포장만 잘하면 되지 않겠어'라고 생각했던 것이다.

　이미 만들어놓은 매뉴얼을 가지고 30번도 넘게 연구팀 모임을 갖고 씨름하기를 1년 반. 시간이 지나면서 일반국민의 눈높이에 맞춰 이해하기 쉽게 쓴다는 것이 얼마나 어려운 일인지 새삼 깨달았다. 사실 늘 보고서를 접하는 공무원들은 자세히 설명해주지 않아도 그리 생소하지 않은데, 일반국민이 이해하기에는 쉽지 않은 면이 있었기 때문이다.

또한 이 책은 대통령비서실은 물론 대통령의 일하는 행적을 일부 다루고 있기 때문에 더욱 조심스러운 마음이 들었다. 따라서 조금이라도 허술한 부분이 있으면 안 되겠다는 비장한 마음이 절로 들었다.

결국 이 모든 것이 저자들에게는 큰 부담으로 다가왔다. 그래서 그런지 생각보다 작업의 진도가 매우 느렸다. 시간이 자꾸 흐르고, 이제 카페 같은 곳에 모여 한가하게 논의할 시간조차 허락되지 않았다. 점심식사를 구내식당에서 10분 만에 뚝딱 해치운 후 남은 자투리 시간을 주로 활용했다.

재직 기간이 짧은 대통령비서실의 특성상 처음 아홉 명으로 시작한 연구팀 동아리는, 그동안 여러 차례의 변화를 거치다 보니 지금은 청와대에 여섯 명밖에 남아 있지 않다. 청와대 내부에서나 밖에서나 끝까지 책임을 다해준 팀원들이 있었기에 오늘 이 책이 빛을 보게 된 것이라고 확신한다.

책을 쓰면서 가장 어려웠던 점은 보고서를 표준화하는 것이었다. 우리가 과연 수없이 많은 보고서의 표준을 정할 수 있을까? 우리가 제시한 표준이나 원칙이 정말 맞는 것일까? 다른 사람들은 이것을 어떻게 받아들일까? 책을 쓰는 과정에서 우리의 머릿속에는 늘 이런 의문이 따라다녔다.

그래서 좀 더 일반화·객관화하기 위해 가능한 많은 사람의 의견을 반영하고자 노력했다. 공무원뿐 아니라 학계, 기업, 연구소에 있는 다양한 사람의 의견을 받아들였다. 따끔한 충고, 날카로운 지적, 따스한 격려가 없었다면 이 책은 이러한 모습으로 나올 수 없었을 것이다. 비록 처음에는 '대통령 보고서 작성법'에서 출발했지만, 이제 민간기업 등에도 적용시킬 수 있다는 자신감이 생긴 것도 이런 이유 때문이다. 아낌없는 조언을 해주신 분들께 깊이 감사드린다.

정답이 없는 보고서 작성법에 관해 우리가 최고의 지침서를 냈다고 말할 수는 없다. 그리고 완벽하다고 자신 있게 말할 수도 없다. 다만 수차례 모임을 가지면서 얻은 다양한 자료와 진화를 거듭해 완성한 이 책이 보고서 작성에 어려움을 겪고 있는 사람들에게 조금이나마 도움이 되길 바란다. 서고에 꽂아두는 귀한 책이기보다는 독자의 손끝에 닳고 닳은 헌 책이 된다면 더 이상의 보람이 없겠다는 생각을 조심스럽게 해본다.

마지막으로 그동안 많은 관심과 격려를 보내주신 노무현 대통령과 대통령비서실의 모든 가족에게 다시 한 번 감사드린다. 이 분들의 성원과 지원이 없었다면 이 책은 세상에 나오지 못했을 것이다.

2007년 6월
대통령비서실 보고서 품질향상 연구팀 일동

책임집필자 약력

_ 박남춘

고려대학교 행정학과를 졸업하고 영국 웨일스대학교에서 해운학 석사를 받았다. 해양수산부 총무과장, 국립해양조사원장 등을 거쳐 대통령비서실 국정상황실장, 인사제도비서관, 인사관리비서관, 대통령비서실 인사수석비서관을 역임했다.

_ 구윤철

서울대학교 경제학과를 졸업하고 동대학 행정대학원에서 석사, 미국 위스콘신대학교에서 공공정책학 석사를 받았다. 재무부에서 공직생활을 시작하여 재정경제원, 기획예산위원회, 기획예산처, 대통령비서실 국정상황실, 인사관리비서관실 등에서 근무했다. 대통령비서실 인사제도비서관, 인사관리비서관을 역임했다. 현재 기획재정부 고위공무원으로 남미개발은행에 파견근무 중이다.

_ 김경수

서울대학교 인류학과를 졸업하고 국회의원 정책보좌관, 노무현 대통령후보 선거대책위원회 전략기획팀 부국장, 참여정부 대통령비서실 국정상황실과 제1부속실 행정관, 연설기획비서관을 역임했다. 현재 노무현 전 대통령 공보담당 비서관이다.

_ 박종재

해군사관학교, 연세대학교 경영대학원 석사, 런던대학교 킹스칼리지에서 전략학 석사·박사 학위를 받았다. 해군 1함대, 주스웨덴 대사관 1등서기관을 지냈으며, 대통령비서실 안보정보비서관실 행정관을 역임했다.

_ 강병원

서울대학교 농경제학과(서울대학교 총학생회장 역임, 94년)를 졸업하고 (주)대우무역 부문에서 근무했다. 대통령비서실 홍보기획비서관실 행정관을 역임하고 현재 인천일보 대외협력실장으로 근무하고 있다.

_ 조미나

이화여자대학교 경영학과를 졸업하고, 동대학 대학원에서 경영학 석사, 경남대학교에서 정치외교학 박사과정을 수료했다. IBS컨설팅그룹, 액센츄어컨설팅에서 근무했으며 대통령비서실 업무혁신비서관실 행정관을 역임했다. 현재 세계경영연구원 지식컨텐츠본부 이사로 재직 중이다.

_ 문해남

단국대학교 행정학과를 졸업하고 서울대학교 행정대학원에서 석사, 스웨덴 세계해사대학에서 항만경영학 석사학위를 받았다. 해양수산부 장관비서관과 해운정책과장 등을 거치고 대통령비서실 경제수석실 행정관, 대통령비서실 민정수석실 행정관과 인사제도비서관, 인사관리비서관을 역임했다. 해양수산부 해운물류본부장을 거쳐 현재는 국토해양부 고위공무원으로 국방대학교에 교육 파견 중이다.

_ 유재수

연세대학교 경제학과를 졸업하고 서울대학교 행정대학원에서 석사, 미국 미주리주립대학교에서 경제학 박사학위를 받았다. 재무부 사무관, 재정경제원 부총리비서관, 재경부 국제금융·은행제도과 근무, 대통령비서실 제1부속실 행정관을 역임했다. 재정경제부 은행제도과장을 거쳐 현재 금융위원회 산업금융과장으로 재직 중이다.

_ 임춘택

KAIST에서 전자공학과 석사·박사학위를 받았고, 기술고등고시에 합격했다. 국방과학연구소(ADD) 선임연구원, 영국 아스트리움(Astrium) 사 파견 근무, NSC 국방기획팀장, 대통령비서실 안보전략비서관실 행정관을 역임했다. 현재 KAIST 항공우주공학과 교수이다.

청와대 비서실의 보고서 작성법
대통령 보고서

초판 1쇄 발행 2007년 7월 13일 **초판 67쇄 발행** 2025년 3월 27일

지은이 노무현 대통령비서실 보고서 품질향상 연구팀
펴낸이 최순영

출판2 본부장 박태근
경제경영 팀장 류혜정
기획 윤미정

펴낸곳 ㈜위즈덤하우스 **출판등록** 2000년 5월 23일 제13-1071호
주소 서울특별시 마포구 양화로 19 합정오피스빌딩 17층
전화 02) 2179-5600 **홈페이지** www.wisdomhouse.co.kr

ISBN 978-89-6086-029-2 13320

- 이 책의 전부 또는 일부 내용을 재사용하려면 반드시 사전에 저작권자와 ㈜위즈덤하우스의 동의를 받아야 합니다.
- 인쇄·제작 및 유통상의 파본 도서는 구입하신 서점에서 바꿔드립니다.
- 책값은 뒤표지에 있습니다.